Maria Hauser
Gras zwischen den Steinen

Umschlaggestaltung: Maria Hauser
Fotos: Konsulent Werner Lehner, Maria Hauser
Herausgeber: Trauner-Verlag
Druck: Rudolf Trauner Ges.m.b.H., Linz
ISBN 3-85320-5186

Maria Hauser

Gras zwischen den Steinen

Geschichten aus dem Mühlviertel

Rudolf Trauner Verlag Linz

Ich widme dieses Buch Frau Gertraud Aichinger, ohne deren freundschaftliche Überzeugungskraft es nicht entstanden wäre.

Maria Hauser

Inhaltsverzeichnis

Sie haben mich berührt, die Menschenschicksale, die Maria Hauser aufgeschrieben hat. Schon während ihrer Tätigkeit als Kindergärtnerin hat sie geschrieben. Nichts Großartiges. Berichte von Kindern und ihrer Lebenssituation. Mit der Begabung zum Beobachten, wie sie nur Wenigen gegeben ist. Die Erzählung "Nachruf auf einen Knecht" ist ein Beispiel dafür.

"Man sieht nur mit dem Herzen gut", sagt der Kleine Prinz von Saint Exupery. Das könnte man auch von Maria Hauser sagen. Diese Empfindsamkeit befähigte sie, auch in den kleinen Kindern, die ihr anvertraut waren, das Gefühl für den anderen zu wecken: für das Gastarbeiterkind, mit dem keiner spielen will, für die Boat-people, die nirgendwo Aufnahme finden, für die alte Frau, die niemanden mehr zum Reden hat ...

Vielleicht erzählt Maria Hauser einmal ihre Erlebnisse mit Kindern. Vorerst legt sie Menschenschicksale vor, die ihr die 'kleinen Leute' in ihrer Umgebung anvertraut haben.

Immer war Maria Hauser hellhörig für das, was Menschen erleiden oder in der Vergangenheit erlitten haben. Aber auch für das Gute - sei es noch so versteckt. Und so sind ihre Geschichten voller Hoffnung, daß einmal alles gut sein wird. Was kann ich diesen Geschichten wünschen? Daß sie viele Menschen nachdenklich machen. Damit die Achtsamkeit des Herzens zunimmt.

Charlotte Niederle

Redakteurin der Fachzeitschrift
"Unsere Kinder"

Das Mühlviertel und der Böhmerwald sind wahrscheinlich sehr hilfreich, das Kleine und Unscheinbare in den Blick zu bekommen. Nicht zufällig ist ja hier die Heimat für Adalbert Stifters "sanftes Gesetz". Nicht nur in der Natur, auch im Leben der Menschen gibt es eine an der Oberfläche bleibende Betrachtungsweise, die vor allem das sieht, was sich in den Vordergrund drängt, was den Anschein der Größe erweckt. Es gibt aber auch eine Betrachtungsweise, die tiefer geht. Sie erlebt, daß nicht der momentane Donnerschlag, sondern der ständige kleine Beitrag das eigentlich Bewegende ist. Eine solche Betrachtungsweise läßt sich auch nicht von den augenblicklichen 'Stars' und 'Größen' der verschiedenen Bereiche blenden. Sie weiß, wie sehr der Lebenssinn und das Leben der vielen 'kleinen Leute' eigentlich die Welt tragen.

Maria Hauser hat einen Blick für das unscheinbar Große, das hinter vielen 'kleinen Leuten' steht. Und sie hat die Gabe, auch andere durch ihre Erzählungen aus dem Leben, zu diesen 'verborgenen Sensationen' hinzuführen. Ich begrüße es sehr, daß ein Teil ihrer Geschichten nun in Buchform herauskommt und ich wünsche dem Werk eine zahlreiche Leserschaft. Mögen so die 'Originale' einer weitgehend geänderten bäuerlichen und ländlichen Welt erhalten bleiben und Anstoß dazu geben, auch im heutigen Leben und in unserer Umgebung die vielen originellen Menschen und ihr Bemühen um einen persönlichen Lebenssinn zu sehen.

Josef Schicho
Chefredakteur der Kirchenzeitung

Des Menschen Tage sind wie Gras, er blüht wie die Blume des Feldes. Fährt der Wind darüber, ist sie dahin; der Ort, wo sie stand, weiß von ihr nichts mehr.

aus Psalm 103

Der Graser Karl

Wer kann sich denn noch an den Graser Karl erinnern? Wie er am Sonntag zur Kirche kam mit seinen durchhängenden Knien, dem schlotternden Gang, dem viel zu großen Rock, einem alten, abgelegten Stück eines Dienstherrn, die Finger schauten kaum aus den Ärmeln, und er im Mittelgang nach vorne stapfte bis zur Stufe zum Altarraum. Dort kniete er hin und verbeugte sich dreimal ganz tief. Er tat dies langsam, mit großer Feierlichkeit. Dann machte er mit weit ausholender Geste das Kreuzzeichen, ehe er seinen Platz aufsuchte. Jeden Sonntag die gleiche Zeremonie! Sein einfältiges Gesicht strahlte! Ganz bestimmt fühlte er sich in solchen Augenblicken groß und wichtig, denn bis zum Herrn Dechant, der noch ein bißchen weiter vorne stand, war es ja nur noch ein kleiner Schritt. Und noch etwas 'Höheres' als den Herrn Dechant, gab es auf dieser Welt ja nicht. Jedenfalls nicht für den Karl.

Wenn es ihm vergönnt war, dem geistlichen Herrn auf der Straße zu begegnen, ging er auf ihn zu, küßte ehrfürchtig den Ring des Priesters, und erzählte ihm in seiner holprigen Sprache, was er auf dem Herzen hatte. "Hab heut schon 'zussad' (geweint). Bet' hab i schon a Vaterunser"... Ein freundliches Kopfnicken verschönte dem Karl den ganzen Tag, und er fühlte sich emporgehoben, wie Jakob im Anblick der Himmelsleiter. Man hätte meinen können, dieser Mensch wäre dem himmlischen Vater aus dem Nest gefallen: Armselige Kindheit, Analphabet, Gnadenbrot von kleinauf. Wegen seines beschränkten Verstandes galt er nicht als Knecht. Er arbeitete ohne Lohn. Weiß einer, was in einem so armen Kopf vorgeht? Doch er hatte seine bescheidenen, kindlichen Freuden, und diese verklärten sein Gesicht. Gott hatte ihn aufgefangen in seinen Händen und ihm die Seele des reinen Toren geschenkt. So sah der Karl sein armseliges Leben vielleicht so, wie Gott es sah.

Eines Tages aber geschah etwas, da trat der Karl hervor, wurde zum Helden und zum Dorfgespräch. Damals war er beim Stehrer im Weinzierl. Es war um die Mittagszeit, als die kleine Dirn in die Stube gestürzt kam und dem Bauern meldete: "Der Alois rennt im Hof herum!" Alois war ein Prachtstück von einem Zuchtbullen, gut 1.300 Kilogramm schwer. Alois war Gemeindestier, das will was heißen! Als er noch ein kleines Kälbchen war, hatte er den sanften Namen Alois bekommen. Damals konnte ja niemand ahnen, daß er sich so gewaltig herausmausern würde. Bei den Menschen ist es ja oft nicht anders ...
Der Alois rannte also im Hof herum, aber nicht etwa gemütlich, o nein!
Der Bauer trat vor die Tür. Er meinte, das wäre ja ein Leichtes, das Tier wieder in den Stall zu bringen. Doch da hatte er die Rechnung ohne den Stier gemacht. Kaum, daß dieser des Bauern gewahr wurde, ging er,

bar jedes Gehorsams, voller Wut, mit gesenkten Hörnern auf ihn los, sodaß der Mann zu tun hatte, um sich in Sicherheit zu bringen.

Der große Knecht versuchte es, der kleine Knecht versuchte es. Einem mußte es doch gelingen, den Alois zu bändigen. Doch der Alois stand drohend ... Kaum versuchte einer, sich ihm zu nähern, ging der Bulle brüllend auf ihn los. Es getraute sich niemand mehr in den Hof. Die Kinder hingen verängstigt an den Fenstern.

Als alle so hilflos waren, kam der Karl. Er legte die Arme an den Kopf, als hätte er Hörner, größere als der Bulle. Dann ging er mit drohendem Donnergeheul, in der Haltung eines sprungbereiten Tieres direkt auf den Stier zu. Auf so etwas war der Alois nicht gefaßt gewesen. Einen Augenblick stand er wie erstarrt, dann hob er den Schweif und floh in Panik! Er fand nicht gleich die rettende Stalltür und hatte hinter sich ein brüllendes Ungeheuer. Als er schließlich seine Box gefunden hatte, ließ er sich willig anketten. Das war ja noch einmal gut ausgegangen!... mag der Alois gedacht haben. Da gab es natürlich viel Schulterklopfen für den Karl, und das war ihm Lohn und Dank genug, denn wann zuvor war ihm solches je zuteil geworden?

Die letzte Zeit seines Lebens verbrachte der Karl beim Gartner im Weinzierl, habe ich durch die jetzige

Stehrer-Altbäuerin erfahren. "Die Gartnerin", sagte sie, "war eine sehr gütige Frau, die hätte keinen, der in Not war, von der Tür gewiesen."

Und so hat der Karl, als er zu gar nichts mehr zu gebrauchen war, beim Gartner einen Platz zum Kranksein und zum Sterben gefunden.

Das war die "Schoberin" auf der Haid

An der "Hoanzlbeng" (Werkbank)

Eine gesprungene Saite

Der 23. Dezember 1909 war ein trüber Wintertag. In der Stube wurde es kaum hell. Die Mutter war schon in aller Früh aufgebrochen, um die Postkutsche zu erreichen, die in die Stadt Linz fuhr, denn dort lag der Vater im Spital. Erst spät am Abend würde sie zurückkommen, und den Kindern nahm der Tag kein Ende. Die zwei älteren Dirndln, die Maridl und die Pepi, hatten der Mutter versprochen, gut auf die zwei Kleinen, auf die Rosi und die Kathi, zu achten und auch zu schauen, daß sie was in den Magen bekämen. Wegen der drei Kühe und der Sau hatte die Nachbarin herübergeschaut.

Lange hatte die Frau überlegt, ob sie die teure Fahrt nach Linz wagen solle, wo ihr Hansl seit einigen Wochen im Krankenhaus lag. Der Doktor Schneider hatte ihn operiert, leider viel zu spät, wie er sagte, aber er wolle doch hoffen, daß er ihn wieder auf die Füße brächte.

Der Doktor Schneider und der Hansl waren in der Volksschule in derselben Bank gesessen, waren Freunde gewesen und Freunde geblieben. Der eine war seit einigen Jahren Primarius in einem Krankenhaus in Linz, und der andere ein tüchtiger Zimmermann, der nicht nur in seinem Dorf geschätzt war. Der Doktor Schneider kam durch seine Arbeit jetzt selten heim, und so hatte er nicht eher erfahren, was mit dem Hansl passiert war. Als er eines Sonntags die Frau nach der Messe traf und sie nach dem Hansl fragte, fing sie zu weinen an, denn dem Hansl ging es gar nicht gut. Er hatte sich einen Balken in die Rippen gestoßen, als er an einem Dachstuhl arbeitete. Nun tat ihm jeder Schnaufer weh, heben konnte er schon gar nichts. Den ganzen Tag lag er da, voller Ungeduld, weil so viel Arbeit auf ihn wartete, doch alle Umschläge und Salben halfen nichts. Es ging nur schlechter mit jedem Tag.

Am Nachmittag kam der Doktor Schneider, sich den Hansl anzuschauen und er fragte, warum er denn zuhause liege. Er gehöre in's Spital, sagte er, so was müsse operiert werden. Es seien einige Rippen gebrochen! Mit Umschlägen und Salben sei da nichts zu machen. Operieren! ... Spital! ... "Nein", sagte der Hansl, "das geht nicht." Wie sollte denn seine Frau mit den Kindern durchkommen? Schon so lange hatte er keinen Taglohn mehr heimgebracht! Das Spital würde ihn das ganze Häusl kosten. Aber der Doktor Schneider sagte, da solle er sich keine Sorgen machen, sie seien doch Freunde, und er nahm den Hansl gleich mit in's Spital. Dort mußten sie ihm viel Eiter abpumpen, hatte die Frau erfahren, denn die gebrochenen Rippen hatten ihm die Lunge verletzt. Die Rippen waren so zerschlagen, daß sie entfernt werden mußten, und dem Hansl wurden dafür silberne Rippen eingesetzt. Die Frau konnte sich das nicht vorstellen, aber so hatte man es ihr gesagt.

Nun hatte sie sich entschlossen, zu ihm zu fahren. Sie mußte einfach sehen, wie es ihm ging, wollte ihm und sich selber die Freude machen, wieder einmal beisammen zu sein nach den Wochen banger Sorge, und sie wollte sich auch vergewissern, daß das Schlimmste überstanden war. Während die Kutsche dahinfuhr, hatte sie viel Zeit nachzudenken. Keinen einzigen Tag hatte sie bereut, seit sie mit dem Hansl beisammen war. Wie hatten sich doch ihre Eltern dagegen gewehrt! Schließlich war sie eine Bauerntochter und der Hansl nur ein Häusler. Ein fleißiger, geschickter Zimmermann war er, aber eben doch nur ein Häusler. Die Eltern hatten sie in's weit entfernte Aschach geschickt, zur Frau Tant', für ein ganzes Jahr. Dort sollte sie den Hansl vergessen. Aber die Liebe war dadurch nur gewachsen! Und als sie zurückkam, hatte sie ihren Kopf durchgesetzt und den Hansl geheiratet. Sie lachte ein wenig vor sich hin, als ihr einfiel, wieviele heiratsfähige Dirndln auf sie eifersüchtig gewesen waren. So fuhr sie dahin, auch ein bißchen in Sorge, ob sie das Spital gleich finden würde. Die Stadt machte ihr angst. ... Mußt nur fragen, hatte die Nachbarin geraten, jeder sagt dir den Weg.

Die Kleinen hockten am Fenster. Draußen war es stockfinster. Sie konnten nichts sehen, aber sie warteten und lauschten auf den bekannten, raschen Schritt der Mutter.

Endlich war sie da. So strahlend kam sie zur Tür herein! So glücklich! Sie nahm nur das große, dicke Wolltuch von den Schultern und hängte es an den Haken. Das Sonntagsgewand behielt sie an! Und so setzte sie sich an den großen Tisch. Ganz feierlich! Die Kinder rückten so nahe an sie heran, wie es nur ging, und die Mutter begann, ihnen vom Vater zu erzählen.

So sehr hatte er sich gefreut, als er sie sah! Gleich hatte er auch nach den Kindern gefragt! Und im Bett könne er schon sitzen, die Brust tue ihm gar nicht mehr so weh. Bald würde er heimkommen! Und für jedes würde er neue Holzschuhe machen! Die Kathi und die Rosi würde er wieder in die Luft schupfen, wie er es immer getan hatte, wenn er von der Arbeit heimgekommen war. Und mit der Maridl und der Pepi würde er wieder "Fuchs und Henn" spielen, wenn's draußen ein Sauwetter hatte. "Und wenn wir durch den Wald gehen, pfeift er wie d' Vogerln", ergänzte die Kathi. War das eine Seligkeit! Die kleine Rosi verstand es ja noch nicht ganz, aber sie jauchzte, weil das Jauchzen in der ganzen Stube war.

Da klopfte es an die Tür. So spät noch! Wer mochte das sein? Der Schmidinger war's von der Post. Er brachte ein Telegramm. Als die Mutter es öffnete, schrie sie, als hätte man ihr ein Messer in den Leib gerannt. "Es ist nicht wahr!" schrie sie. "Es ist nicht wahr! Er hat doch gelacht! Mit mir geredet! Meine Hand gehalten!

Hat gesagt, er kommt bald heim!" ... Sie schlug den Kopf gegen die Tischplatte, ganz von Sinnen. Der Bote wollte sie halten, ihr zureden, aber sie hörte ihn nicht.

Die Kathi und die Rosi schrien vor Entsetzen, obwohl sie nicht begriffen, was geschehen war. Die Maridl und die Pepi standen da, als wäre kein Blut mehr in ihnen.

Als die Frau zu Tode erschöpft nur noch still vor sich hinweinte, verließ der Mann das Haus.

Warum war der Hansl gestorben? Warum? Was war geschehen? Sie quälte sich um eine Antwort. Wann würde sie den Doktor Schneider fragen können?

Diesem Abend folgte eine schreckliche Nacht und ein schrecklicher Tag. Die Mutter ging durch's Haus, als wäre sie nicht da. Die Kinder getrauten sich nicht, sie anzureden.

Die Nachbarin kam herüber, um bei der Stallarbeit zu helfen, auch zu trösten, aber sie richtete nichts aus.

Die zwei Kleinen, in ihrer Ratlosigkeit, versteckten sich in einem Winkel.

Heute sollte doch das Christkindl kommen, fiel der Kathi ein. Hatte nicht die Mutter gesagt, daß sie warme Socken bekämen! Und 'Guazln!' Und viele Lichter würden auf dem Bäumchen sein. Die kleine Rosi hörte andächtig zu: Viele Lichter, ja! ... Die Mutter würde dann sicher aufhören zu weinen, und die Maridl und die Pepi auch, meinte die Kathi, und sie würden dann auch eine Suppe bekommen, wie sonst jeden Tag.

Es war schon ganz finster, als die Maridl die beiden Kleinen entdeckte. "Ihr gehört in's Bett", gebot sie. "Wir warten auf's Christkindl", sagte die Kathi. "Heute kommt kein Christkindl!" erklärte die große Schwester. So war das also! Kein Christkindl! Keine Suppe! Und kein Vater! Da weinte die Kathi los, und die Rosi weinte mit ihr und sie schluchzten: "Vater! Vater! Vater!" ... In ihrer Not und Verlassenheit suchten sie Schutz in der warmen Mulde des gemeinsamen Bettes. Die dicke Tuchent umschloß sie wie eine schützende Höhle und so weinten sie sich in den Schlaf.

Noch zweimal in ihrem Leben kam die Frau nach Linz. Das erste Mal zum Begräbnis ihres Mannes (den sie nicht heimbringen lassen konnte, weil sie das Geld dazu nicht hatte). Sie ging zufuß! Wenn sie rasch ausschritt, packte sie den Weg in die Stadt in sieben Stunden. Und noch einmal ging sie, nach einigen Monaten, um den Hansl auf dem Friedhof zu besuchen. Doch sie fand sich alleine nicht zurecht zwischen den vielen Reihen von Gräbern, wußte auch nichts von einer Friedhofsordnung, suchte das Grab etliche Stunden, ging da hin und dort hin, meinte, hier müsse es sein, oder da ... Sie war ganz sicher gewesen, es wieder zu finden! Doch sie fand es nicht mehr.

Mit der Zeit verlangte der Alltag wieder sein Recht. Was der eigene Boden nicht erbrachte, erarbeitete die Mutter bei den benachbarten Bauern, denn die Kinder sollten keine Not haben. Sie lachte sogar wieder. Doch wer mit besonderen Ohren zu hören vermochte, dem war's, als schwinge der Ton einer zersprungenen Saite in ihr.

Nachruf auf einen Knecht

"Ich hab' auch einen Großvater daheim", sagte die Schober Eva, als wir während der Fastenzeit im Kindergarten nachdachten, wie wir den Großeltern eine Freude machen könnten. Ich war verwundert. Ihre Großeltern väterlicherseits waren längst gestorben, wußte ich. Wohnte denn der Großvater mütterlicherseits bei ihnen auf dem Hof?

Wir beschäftigten uns sehr gründlich mit dem Leben der Großeltern, sammelten Fotos, alte Kleider, alten Hausrat, die Kinder erzählten Erlebnisse.

Eines Tages berichtete die Eva: "Wann d' Mami gar keine Zeit hat, aber i brauchat was, dann geh i zum Michl!" "Wer ist das?" fragte ich. "Der Großvater!" antwortete die Eva. "Dös is eahna Knecht!" erklärte mir ein anderes Kind. Aber die Eva ließ sich nicht irre machen: "Und wann i mir vom Christkindl was Besonderes wünsch, sag i's eahm hoamlich und tua eahm recht schön!" ...
"Du bist aber ganz eine Schlaue!" stellte ich fest. "Der Michl sagt dös a allweil!" meinte die Eva.

Jedes Kind bastelte für seine Großeltern ein kleines Geschenk und eine Einladung zum Großelternfest.
Einige Tage vor dem Palmsonntag füllte sich unser Kindergarten mit Gästen. Auch der Michl war da.

Die Eva hatte es sich in den Kopf gesetzt, daß er dabei sein müsse.

Als ich ihn begrüßte, war er ganz verlegen: "Eigentlich gehör' ich ja gar nicht dazu! Ich bin ja kein Großvater! Nur der Knecht!" "Sie gehören dazu", entgegnete ich. "Sie sind ein besonders guter Großvater! Was tät' denn die Eva ohne Sie?" Da bekam er ganz nasse Augen vor Freude.

Als er gestern zu Grabe getragen wurde, ist mir diese Episode, die schon zwei Jahre zurückliegt, wieder eingefallen. Mit fünfundsiebzig Jahren ist er gestorben. "Ein bescheidenes, einfaches Leben ist zu Ende gegangen", sagte der Herr Pfarrer an senem Grab. "Es war ein Leben voller Arbeit." Er nannte alle Bauern, bei denen der Michl als Knecht gedient hatte, bis hin zu seiner letzten Station.

Am Grab standen Verwandte, Nachbarn, Menschen, die ihn gern gehabt hatten. Auch die Eva war da, ein Häuflein Unglück, an der Hand ihrer Mutter.

Ich sah ihn wieder vor mir stehen, den Michl: verlegen, glücklich, mit nassen Augen. Ein Großvater war er, dachte ich, ein Mensch voller Liebe.

Und Gott hat seine Arme weit aufgemacht, als er kam, dieser gute Knecht, dessen bin ich ganz sicher.

... aus dem Niemandsland

"Bitte, Herr Lehrer, die Egger stinkt wieder so!" ...
Allgemeines Wegrücken, Abrücken, Nasezuhalten. Ein
breiter Gürtel Niemandsland.... Die Egger wird klein,
kleiner, noch kleiner, man sieht sie kaum noch. Aber
sie stinkt. "Morgen kommst du gewaschen in die
Schule!" Doch was nützt das? Sie hat sich gewaschen.
Heute, gestern, sie wird sich auch morgen waschen.
Der Geruch liegt in ihren Kleidern, an ihrem Hemd, das
ihr kleiner Bruder naß macht, wenn er des nachts nicht
wach wird, und sie selbst es versäumt, ihn rechtzeitig
zu wecken.

Die Eltern sind nie da, oder kaum. Die kommen irgendwann, gegen Morgen, poltern herum, bringen oft noch
jemand mit, fallen über halbleere Flaschen, zerschlagen Gläser. Die Egger steckt den Kopf unter die Decke,
rührt sich nicht, tut, als ob sie schliefe und zieht den
Bruder eng an sich. Ehe sie zur Schule läuft, braucht er
eine trockene Hose, sein Fläschchen und ein Stück
Brot.... "Sei leise", sagt sie, und legt den Finger an den
Mund, "ich komme bald wieder", und hofft, daß die
Eltern ihn nicht schlagen, wenn sie durch ihn geweckt
werden .

Eines Tages kommen eine Dame und ein Herr in die
Schule, ihre Augen suchen die Egger. Das ist sie also!
"Komm heraus", sagt die Stimme des Lehrers.

Die Stimme klingt väterlich, freundlich, fremd. Die Egger rührt sich nicht. Er meint sicher ein anderes Kind.... "Nimm alle deine Schulsachen aus dem Fach, und komm heraus ." ... Die Banknachbarin stößt sie an: "Hörst du nicht?" Was soll sie tun?"Nimm deine Sachen!" Die Egger greift ins Regal und stopft ihren Kram in die Schultasche. Und jetzt? "Komm heraus!" Was wollen diese Leute von ihr? Ist etwas passiert? Die beiden Fremden sprechen mit dem Lehrer. "Du wirst es nun besser haben", hört sie. "Verabschiede dich." Die Türe des Klassenzimmers öffnet und schließt sich. Draußen wartet ein Auto.

Panische Angst überfällt sie.... Wissen die Eltern ... ihr kleiner Bruder? Was soll sie in diesem Auto? "Fahren wir jetzt heim?" fragt sie. Die Dame nickt ihr freundlich zu. Die Egger steigt ein .

"Hier müssen wir fahren", sagt sie, "hier, diese Straße!" Doch das Auto fährt in eine andere Richtung. Die Egger ist wortlos vor Entsetzen. Wie kann ein Kind überhaupt traurig sein, wenn man es von einer so üblen Behausung wegbringt? "Wir sind bald da", sagt die Dame. "Wir bringen dich in ein Heim, da wird es dir sicher gefallen. Du wirst baden, bekommst saubere Wäsche, ein gutes Essen und ein ordentliches Bett."

Es wird Mittag läuten und der Rudi wird warten, denkt die Egger. Er wird am Fenster sitzen und sagen:

"Die Lisi kommt bald!" Sie spürt im Hals einen Klumpen, der kein Wort mehr durchläßt, und die Augen haben sich mit Sand gefüllt, der jede Träne auftrocknet.

Das Auto hält vor einem großen Haus, ihr Körper steigt aus, läßt alles mit sich geschehen, ißt sogar, weil er hungrig ist, doch die veränstigte Seele hat die Worte fortgenommen.

Nach einigen Tagen wird das wortlose Kind einer Ziehmutter übergeben, einer älteren, verwitweten Frau, die eine kleine Landwirtschaft besitzt und den einzigen Krämerladen in ihrem Dorf.
Das Leben auf dem Land wird dem Kind guttun!

Die Frau gilt als sehr streng. Sie hat auch früher schon Ziehkinder gehabt. Bei der Krämerin hat noch jeder arbeiten gelernt, heißt es. Auch die Lisi wird hier arbeiten lernen, und Ordnung, und was Pflicht ist.

Eines Nachmittags kommt die Lehrerin vorbei: "Die schriftlichen Arbeiten der Schülerin sind in Ordnung, sogar sehr gut, doch sie redet nichts! Warum redet das Kind nicht?" Als die Lehrerin wieder fort ist, holt die Krämerin den Riemen vom Haken. "Du wirst morgen reden", sagt sie, "na warte, wenn du morgen nicht redest! Meine Geduld ist zu Ende! Und mit mir wirst du auch reden, verstehst du, jetzt sofort, ich werde dir den

Dickschädel austreiben!" Am nächsten Tag redet die Egger, sehr zur Freude der Lehrerin, doch nun erbricht sie jedes Essen. Der Klumpen liegt jetzt im Magen.

Nach einigen Tagen ist amtsärztliche Untersuchung in der Schule. Alle Kinder machen den Oberkörper frei, nur die Egger nicht, die wehrt sich, schlägt mit Händen und Füßen um sich. Schließlich gelingt es zwei Lehrerinnen, sie zu bändigen und auszuziehen. "Das werden wir doch sehen!" sagen sie. Sie sehen es!

Nun ja, die Egger ist ein äußerst schwieriges Kind. Der Ziehmutter sind sicher die Nerven durchgegangen. "Das war zuviel!" sagt der Arzt. Die Krämerin bekommt einen Brief. ... "Das kommt von deiner Bockerei", sagt sie zur Lisi und wirft den Brief ins Feuer.

Bäume müssen beschnitten werden, sonst wird nichts daraus, und Kinder müssen erzogen werden. Wehe jenen Eltern, die ihre Kinder verwöhnen! Verwöhnung führt ins Verderben! Wehe der Verweichlichung! Eltern mit Verantwortung zeigen ihren Kindern eine strenge Hand. Mit Lob lasse man sich Zeit! Die Strafe folge der bösen Tat auf dem Fuße! Wer die Rute spart, der haßt sein Kind!

Nun erbricht die Lisi das Essen schon seit einigen Wochen. Sie wird dünn und durchsichtig, hohes Fieber stellt sich ein. Sie schreit nach dem Bruder, quält sich, weil er auf sie wartet, stöhnt unverständliche Worte, ruft und beschwört die Eltern. Die Krämerin begreift, daß ihr das Kind unter den Händen sterben wird. Angst steigt in ihr auf.

Sie holt den Arzt, einen sonderbaren Kauz, der sich erst vor kurzem in der Gemeinde niedergelassen hat. Manche Leute behaupten, (freilich hinter vorgehaltener Hand) er sei ein 'übergebliebener Jud'. Der Arzt untersucht das Kind gründlich, hört sein Stöhnen, das Rufen nach seinem Bruder. Schließlich fragt er: "Wo ist dieser Bruder, nach dem sie dauernd verlangt?" "In einem Heim", weiß die Krämerin. ... "Es wäre einen Versuch wert", sagt der Arzt mehr zu sich selbst, und nach einigem Zögern an die Frau gewendet: "Würden sie dieses zweite Kind auch noch zu sich nehmen? Vielleicht könnte die Lisi wieder essen, wenn sie den Bruder hätte." So ein Spinner! Was soll denn das Geschrei nach dem Bruder mit dem Magen zu tun haben? Trotzdem geschieht das Unfaßbare. Die harte Frau ersucht den Arzt, die Fürsorge einzuschalten, um den Bruder so bald wie möglich herzubringen.

"Der Rudi kommt", sagt sie zur Lisi. "Der Herr Doktor holt den Rudi."
Da beginnt der Klumpen, sich aufzulösen. Die Lisi versucht zu essen, kann ganz wenig behalten, doch es wird immer besser. Und dann kommt der Rudi.
Sobald die Lisi wieder kräftig genug ist, verspricht sie der Krämerin, jede Arbeit zu tun, sodaß der Bruder für

sie keine Last sei. "Pack die Betti richtig an! So! Nimm die Euter richtig in die Hand." Die Kuh spürt die fremden Hände, die noch ungeschickt sind, und haut aus. "Paß' auf den Melkeimer auf!" Bei der Ella geht die Milch viel leichter heraus. Mit zehn Jahren kann die Lisi melken wie eine Große, und sie mäht das Grünfutter für die beiden Kühe. Sie arbeitet mit auf dem Feld, jätet im Garten, hilft beim Rumpeln der Wäsche und schwemmt sie im Gander, weil das kalte Wasser den gichtigen Fingern der Krämerin sehr weh tut. Sie reibt jede Woche die Holzdielen mit Bürste und Lauge, weiß jeden Tag, was zu tun ist, und die Aufgaben für die Schule müssen auch ordentlich gemacht werden.

Der Rudi ist nun auch schon ein Schüler, und auch er kennt genau seine Pflichten im Haus.

Müßiggang ist aller Laster Anfang. Für Müßiggang darf den Kindern keine Zeit bleiben. Sollte es einmal weniger zu tun geben, werden sie an die Nachbarn verliehen, um dort bei der Arbeit mitzuhelfen. Aber das macht ihnen nichts aus, denn bei den Nachbarn gibt es Kinder, und zwischendurch auch manchmal Spaß. Außerdem gibt es für besonderen Fleiß ein kleines Taschengeld. Dieser Schatz wird sorgfältig in eine Schachtel gelegt und immer wieder gezählt.

Wenn die Krämerin einen sehr schlechten Tag hat, ihre Hände an den Kopf preßt, wenn ihr alles zu langsam geht und nichts gut genug ist, entsteht in der

Sehnsucht der Kinder das Bild einer freundlichen Mutter, die ganz bestimmt nicht schimpfen würde, das Bild eines geduldigen Vaters. Bei den Eltern wäre alles anders, alles wäre besser. Wenn sie doch kämen! Sicher kämen sie gerne! Aber sie haben ja kein Geld. Warum haben sie kein Geld? Die Kinder verdrängen die Wahrheit. ...

Sie nehmen ihr mühsam erspartes Geld aus der Schachtel. Würde das reichen? "Ganz bestimmt", sagt die Lisi. "Sogar ein Bier könnten sie sich kaufen." Was wird die Krämerin sagen? Wird sie es erlauben? Was ist, wenn sie "nein" sagt? Aber heimlich tun, das geht nicht. Die Augen der Frau starren an die leere Wand, als die Kinder diese Bitte aussprechen. Es vergehen bange Minuten. Schließlich erlaubt sie es. Am Sonntag werden die Eltern kommen!

Bis zum Sonntag dauert es endlos lang.

Am Sonntag darf nur die notwendige Arbeit getan werden, da haben die Kinder Zeit für den Besuch der Eltern.

Endlich ist Sonntag.

Sie warten, schauen die Dorfstraße hinunter, wissen genau, wann ein Bus ankommt. Können sie am Vormittag noch nicht kommen? Vielleicht erst mittags, oder am Nachmittag! Wird es am Abend nicht schon zu spät sein? Die Kinder warten den ganzen Tag. Sie warten umsonst. Aber das Geld haben die Eltern ganz bestimmt bekommen! Die Lisi hat es selbst zur Post gebracht, und sie weiß die Adresse von der Schule her.

Hat die Krämerin geahnt, was geschehen würde? Die Kinder liegen in den Betten. Längst liegt Dunkelheit über der Straße und auf den Trümmern ihrer hellen Welt, die so zerbrechlich war. Wie finden sie eine Entschuldigung für diese Enttäuschung, die ihnen zugefügt worden ist?

Vielleicht sind die Eltern krank geworden! ... Oder gar gestorben? Wie wohltuend ist die Flucht in diesen Schmerz. Nun tragen die Tränen sie hinüber in den Schlaf.

Die Lisi braucht eine Lehrstelle. Sie möchte kochen lernen. Der 'Goldene Ochs' ist ein renommierter Gasthof, ein beliebtes Ausflugsziel am Rand der Stadt. Dort ist eine Lehrstelle frei, hat die Krämerin erfahren. "Das Mädchen ist fleißig, flink, geschickt, ordentlich", sagt sie zum Wirt des 'Goldenen Ochsen'. Er schaut sich die Lisi an. "Sie ist zu klein", sagt er, "viel zu klein." "Sie ist zäh", entgegnet die Frau. Die Lisi bekommt die Stelle.

Nach einigen Wochen bestätigt der Wirt der Krämerin, daß er mit diesem Lehrmädchen einen guten Griff getan hat. Der 'Goldene Ochs' ist nicht nur renommiert, sondern auch stark frequentiert. Er hat zuwenig Personal für zuviele Gäste. Aber das dürfen die Gäste nicht merken, das weiß nur das Personal. Die Lisi ist den ganzen Tag auf den Beinen. Jeder schreit nach dem Lehrmädchen. "Renn'!" heißt es. "Schnell!" - Spät nachts fällt sie todmüde ins Bett.

Mit siebzehn Jahren ist sie ein zierliches, hübsches Mädchen. Eines Tages sitzt ein Bursch im Lokal, ein junger Soldat. Er kommt aus ihrem Heimatort. "Erzähl mir", sagt die Lisi begierig. Doch schon muß sie wieder laufen, hat keine Zeit, sich bei ihm aufzuhalten. "Wann hast du frei", fragt er. "Ich nehme dich mit nachhause." Er hat ein Motorrad.

Wann hat sie frei? Sie erbittet einen Urlaubstag, sehr zum Verdruß des Wirtes. Doch schließlich ist sie immer da, immer fleißig, nie krank ... Nun sitzt sie auf dem Motorrad, spürt den Wind, freut sich, wird die Eltern wiedersehen nach so langer Zeit, hat Herzklopfen bis zum Hals herauf. Was werden sie sagen? Sie wohnen nicht mehr in jenem Häuschen, das sie bewohnt haben, als sie noch ein Kind war. Doch der Bursch weiß, wo sie zu finden sind. Ein ausrangierter Eisenbahnwaggon auf einer verwucherten Gleisanlage. Verstreuter Unrat. "Hier", sagt er. Zögernd tritt die Lisi näher, spürt Beklemmung. "Warte auf mich!" Sie hat das Bedürfnis, alleine zu sein in diesem Augenblick ... klopft an, hört eine heisere Stimme, öffnet die Tür. Am Herd steht eine Frau. Ist diese verkommene Frau die Mutter? Am Tisch döst ein Mann vor einem Schnaps, blinzelt ins Ungewisse. Ist das der Vater? "Mutter", sagt die Lisi, "ich bin's!" "Jössas, die Lisi", schrillt die Stimme der Frau. "Die Lisi is' es", wendet sie sich an den Mann, der verständnislos glotzt. "Unsere Lisi, verstehst du denn nicht, die Lisi!"

Doch dann tritt etwas Lauerndes in ihr Gesicht. "Warum

bist du denn gekommen? Was willst du denn von uns? Du willst doch was, oder?" Und plötzlich kreischt sie los: "Die will uns leicht gar einen Bankert (lediges Kind) bringen, die feine Fräuln! Einen Bankert will die uns einlegen!" "Nein," sagt die Lisi entsetzt, "nur sehen wollte ich euch." Sie flieht, vergißt die Tür hinter sich zu schließen. Das fremde Weib, ihre Mutter, stiert und keift ihr nach. "Fahren wir!" sagt sie. Vor Scham ist sie unfähig, ein weiteres Wort zu sagen.

Als die Saison zu Ende ist, bekommt sie einige freie Tage und fährt 'heim', zur Krämerin und zum Rudi. Es ist hell in der Stube und freundlich. Die Lisi sitzt am Tisch, eine saubere Decke ist darüber gebreitet. Die Krämerin kocht Kaffee und holt Kuchen aus der Speis'. Wie an einem Sonntag, denkt die Lisi. Der Rudi freut sich, daß sie da ist und er ist sichtlich stolz auf sie. "Wie geht es dir", fragt die Krämerin. "Schmal bist' geworden. Der Wirt sagt, du arbeitest schon ganz selbständig." Die Lisi denkt: Ihre Haare sind ganz weiß und ihre Hände zittern. "Wie werdet ihr mit der Arbeit fertig?" fragt sie. "Der Rudi ist fleißig", sagt die Krämerin.

Die Lisi rührt in ihrem Kaffee. Unsichtbare Bilder kreisen durch den Raum, nehmen sie mit: Ein verkommener Eisenbahnwaggon und eine verkommene Frau. Ein versoffener Mann. Unrat und Dreck. Die will uns ihren Bankert bringen! kreischt es ihr in den Ohren.

Sie vergißt zu rühren, sitzt ganz still. Der Rudi schaut sie an. "Greif doch zu!" sagt die Krämerin nach einer Weile, doch sie sagt nicht, daß sie den Kuchen extra gebacken hat. Als sich die Lisi immer noch nicht bewegt, legt sie ihr ein Stück auf den Teller. Diese fürsorgliche Geste holt die Lisi zurück in die Stube, und sie sagt: "Dank schön! Mutter."

Beim Sensendengeln

Seine glückliche Weihnacht

Mit grauen Stürmen kündigt sich der Winter an. Schnee liegt in der Luft. Die Bruckbäuerin werkt in der Kuchl mit ihren Kindern. Wenn es draußen so ungut ist, sind sie gerne herinnen im Haus, und es ist für sie eine ganz besondere Freude, wenn sie der Mutter beim Keksbacken helfen dürfen. Noch dazu zerbricht manchmal eines, das darf dann in den Mund geschoben werden. Und vielleicht bleiben auch einige Rosinen übrig! "Heut' kommt der Wastl", sagt die Bäuerin. Seit einigen Jahren, seit er die Gicht hat und als Knecht nicht mehr zu gebrauchen ist, ist der Wastl 'Gemeindeeinleger', das heißt, er wird bestimmten Bauern für einige Wochen zugeteilt, um dort, nach einem langen Arbeitsleben, sein Gnadenbrot zu bekommen. In manchen Höfen hat er es gut, in anderen nicht. In den einen bekommt er ein Bett in einem Stüb'1, in den anderen nur ein Eck im Roßstall. Da und dort fällt sogar einmal ein guter Bissen für ihn ab, aber es gibt auch Bauern, die ihm die Suppe neidig sind, die sie ihm hinstellen müssen. Es gibt Höfe, da darf er am Tisch mitessen, anderswo hat er seinen Platz in der Kuchl.

Eigentlich heißt der Wastl Sebastian, aber seit er sich erinnern kann, war er immer der Wastl. Wie alt er ist, weiß niemand genau und er selber weiß es auch nicht. Seine Mutter ist eine ledige Dirn gewesen. Sie hat sich mehr abgerackert und geschunden als jede andere

Magd, nur darum, daß sie ihn bei sich hat haben dürfen, obwohl sie ihn oft den ganzen Tag lang kaum gesehen hat und nicht gewußt hat, was er treibt. Seine einzige Erinnerung an sie ist das gemeinsame Bett. Er weiß noch, wie er sich an sie gedrückt hat, wenn sie sich zu ihm gelegt hat. Der Wastl weiß nicht, wie alt er war, als die Mutter starb. An Lungenentzündung, hat ihm später einmal ein Knecht gesagt.

Als sie nicht mehr da war, mußte er lernen, ohne sie zu überleben. Er war überall im Weg, war ein unnützer Esser. So mußte er schlau werden, um den hungrigen Magen zu füllen, doch manchmal erwischte man ihn dabei, und dann gab es Prügel. Bald schon lernte er, weit über seine Kräfte zu arbeiten. Diese Plage formte seinen Rumpf und zog ihm die Arme so sehr in die Länge, daß sie ihm jetzt, da er alt und gebeugt ist, beim Gehen bis an die Knie schlenkern.

Heute darf er zum Bruckbauern gehen . Das ist gut, denkt der Wastl. Jetzt, da es kalt wird, hat er dort für einige Wochen einen warmen Platz. Vielleicht behalten sie ihn länger. Vielleicht über den ganzen Winter ... "Den Herbst über war er beim Simmerl", sagt die Bäuerin zu den Kindern . "Da wird er diesmal besonders dreckig zu uns kommen", meint die Resi. "Ich füll' lieber gleich den Kessel mit Wasser an und heiz' in der Waschkuchl ein, daß alles gerichtet ist, wann er kommt." Obwohl die Resi erst elf Jahre alt ist, ist sie es gewohnt, der Mutter umsichtig zu helfen.

Dann klopft es an der Tür und der Wastl steht da. In der Hand hält er ein kleines Binkerl mit allen seinen Habseligkeiten. "Bitt gar schön, Bäuerin, derfat i dableib'n", sagt er. "Ist schon recht, Wastl", begrüßt ihn die Frau, und die Kinder erklären ihm gleich, daß das Wasser schon gerichtet ist und ein frisches Hemad, a saubere Unterhosn und überhaupt ein ordentliches G´wand . Ganz gleich, wann der Wastl kommt, beim Bruckbauern wird er zuerst einmal in das große Wäscheschaffl gesteckt und eingeweicht, wie es die Bäuerin mit der Wäsche tut. Dann wird er rundherum mit der Waschbürste abgerieben. "Halt' nur fest nieder!" sagt er zur Resi, die ihm den alten Buckel bürstet . Wenn er gründlich genug gestriegelt ist, wird der Wastl mit einem Schaffel voll sauberem Wasser abgespült. Aber damit ist es noch nicht genug. Nun schert ihm die Bruckbäuerin noch den Schädel kahl, und auch sonst kommen überall herum die Haare weg. Einen verlausten Einleger mag sie nicht . "Wird dös a Giatat (Guttat)", meint der Wastl, "wann nix mehr beißt!"

Keine andere Bäuerin würde so was selber tun, einen Einleger zu baden und zu scheren, denkt der alte Mann. Vielleicht kommt das daher, weil sie eine Auswärtige ist. Er weiß noch, wie damals besonders die Weiber getuschelt und gezischelt haben, als der Brucker sie heimgeführt hat in seinen Hof an der Bruck. Er habe sie bei einer Hochzeitstanzerei kennengelernt, hieß es, sie komme aus der Haslachergegend. Waren dem Brucker die hiesigen Bauerntöchter nicht gut genug? Die wird ihm den Hof bald zugrund richten, prophezeiten ganz Hämische. Eine, die so viele Besen braucht, kann nicht viel taugen.

Der Bruckerhof ist der sauberste in der ganzen Gegend. Hier bekommt der Wastl ein gutes Bett, ordentliches Essen und freundliche Worte. Wen wundert es, daß er das ganze Jahr über auf diesen Platz hofft und wartet. ... Was er nur tun kann, nimmt er der Bäuerin ab. Während die Resi, der Schorsch und die Leni in der Schule sind, 'kindsdirnd' er den kleinen Michl, der im Stubenwagen liegt. Er macht Spreißln zum Einheizen, schaut, daß immer genug Holz da ist, holt Wasser herein vom Grander im Hof, bringt Erdäpfel und Kraut aus dem Keller, schleppt den vollen Sauhäf'n in den Stall, obwohl die Bäuerin sagt, so schwer heben soll er nicht mehr.

So kommt Weihnachten heran. Die Resi strickt für den Wastl schafwollene Socken und die Bäuerin näht für ihn, wie für alle Mannerleut' auf dem Hof, eine lange Unterhose aus Barchent. Jede Dirn kriegt einen warmen Unterkittel. ... Beim Bruckbauern wird für alle gut gesorgt, darum sind die Dienstleute gerne dort, und jeder tut jede Arbeit, die getan werden muß, ohne Murren. Am Heiligen Abend sind sie alle beisammen in der Stube. Die Krippe ist aufgestellt auf dem Schubladkasten, daneben steht der Christbaum. Die Kerzen brennen feierlich. Große Geschenke gibt es nicht, doch jeder spürt, daß Weihnachten ist.

Die Bäuerin nimmt den großen Laib Kletzenbrot, den sie selber gebacken hat, der etwas ganz Besonderes ist, weil es ihn nur zu Weihnachten gibt, und schneidet für jeden ein dickes Stück ab. Auf dem weiß gedeckten Tisch sind in einer Schüssel die Kekse, die sie mit den Kindern gebacken hat. Nun darf jeder zugreifen und dazu gibt es duftenden, heißen Tee. Der Bauer holt aus dem Schrank eine Flasche "Hausgebrannten" und schenkt jedem Erwachsenen ein Stamperl ein. Später holt dann die Bäuerin Glut aus dem Herd, gibt sie in die Räucherpfanne, streut Weihrauchkörner darüber und reicht die Pfanne dem Bauern. Dieser geht nun allen Hausleuten räuchernd voran durch Haus, Hof und Stall und sie erbitten Gottes Segen für Mensch und Tier. Jedes Jahr wird das so gehalten beim Bruckbauern. Für den Wastl ist es wie ein Wunder, und es ist ihm wie damals, vor vielen, vielen Jahren, als er noch ganz klein war, und im Bett die Wärme seiner Mutter spürte.

Es ist eine sternklare, kalte Nacht. Die drei größeren Kinder wollen geweckt werden, um mit den Eltern und dem Gesinde in der Mitternachtsmette Jesu Geburt mitzufeiern. Wegen der drei Kleinen braucht sich die Bäuerin keine Sorgen zu machen, der Wastl hat versprochen, auf sie zu schauen. Er liegt ja halbe Nächte wach, weil ihn die Gicht so viel plagt.

Doch als die große Dirn als erste von der Kirche heimkommt, hört sie schon im Hof die Kinder plärren.

Der kleine Michl sitzt im Bett und ist ganz verrotzt vor lauter Weinen, dem Franzi und der Lisi geht es nicht besser. Die Bäuerin kommt ganz erschrocken herein. Was ist denn nur geschehen? Der Wastl hätte sich doch umschauen sollen! "Der wird net munter", sagt die Resi, "ich hab ihn sogar gebeutelt."

Und so finden sie den alten Einleger, als sie nachschauen gehen: Sein Gesicht ist voll Frieden, es liegt fast ein Lächeln um seinen Mund. Er hat die neue Unterhose an und die schafwollenen Socken. In der gichtigen Hand hält er den Rosenkranz, das Einzige, das ihm von seiner Mutter geblieben ist. Er ist eingeschlafen, glücklich hinübergeschlafen, in dieser Heiligen Nacht des Jahres 1910.

Die Altbäuerin vom "Oberen Sternbauern"

Dorf - Idylle

Emma

"Es ist kein Wunder, wenn der Burschi nicht mehr heimgeht." Die Stimme der Schwiegermutter ist voller Vorwurf. ... Dieses Gewimmer die ganze Zeit. Dieses Gejapse nach Luft. Wie soll ein Mann denn das aushalten. Der braucht am Abend seine Ruhe. Den ganzen Tag so viel Wirbel im Betrieb. Emma weiß es. Sie hat den Leo mit dem kranken Kind ja nicht belasten wollen, nur seine Anteilnahme hätte sie sich gewünscht. "Wirst sehen, der bleibt bei der Paula hängen!" "Soll er doch!" sagt die Emma. "Was wäre eigentlich, wenn du einmal auf die Medizin vergißt?" "Ich vergesse nicht!" "Aber wenn, tät er dann sterben?" "Das weiß ich nicht." "Oder wenn die Sauerstoffflasche einmal leer wäre?" "Das darf eben nicht passieren!" "Das Kind so lange leiden lassen! Wo es doch sowieso nicht mehr wird."

Zehn Monate hatte Emma ein fröhliches, gesundes Kind. Glückliche Fotos: Leo hält den kleinen Robert im Arm ... Leo spielt mit ihm auf dem Fußboden ... Robert auf dem Wickeltisch. So gesunde, feste Beinchen hatte er ... Robert, wie er ihr die Arme entgegen streckt ... Robert!

Dann kam die Krankheit. Sie hat sich eingeschlichen wie ein Dieb und sich eingenistet in seinem Gehirn, um alle seine Körperfunktionen zu zerstören. Die linke Körperhälfte ist gelähmt und verzerrt. Das Auge steht

immer offen und schaut sie doch nicht an. Die Erkran-
kung greift immer weiter um sich, ist nicht aufzuhalten.

Krankenhaus, Hauspflege, Krankenhaus, Hauspflege,
im ständigen Wechsel, seit fast zwei Jahren. Emma ist
in vielen kleinen Lernschritten zur Krankenschwester
geworden. Ihre Augen, Ohren, Hände haben sich ver-
ändert, verfeinert, haben neue Fähigkeiten entwickelt,
haben sie weggerückt aus dem Leben, das vorher war.
Vorher war der Leo. Alles hat sich um den Leo gedreht.
Auch als sie das Kind schon hatten. Sie war so verliebt,
jung, hat nichts in Frage gestellt.

Dann kam diese Forderung durch die Krankheit des
Kindes. Der Leo hätte das spüren müssen. Aber er hat
die Forderung von sich geschoben. Er hat sich nicht
mitentwickelt, hat jede Entwicklung verweigert.
In den ersten Monaten hat sich die Emma verzweifelt
um sein Verständnis bemüht, hat ihn 'mitnehmen'
wollen, hat bei ihm Zuflucht gesucht und Ausspache,
wenn sie ratlos war. Am Anfang hat er ihr zugehört,
doch bald sind ihm die Berichte lästig geworden und
sie hat damit aufgehört. Der lustige Leo war mit dem
kranken Kind überfordert. Eine kurze Krankheit, ja!
Aber doch nicht dies. "Der Robert gehört ins Krankenhaus, dort hat er geschultes Personal!" "Und zuhause
hat er mich" entgegnet die Emma. "Er hat nicht mehr
viel Zeit! Ich kann ihn nicht abschieben!"

46

Es hat nicht lange gedauert, dann sind die Vorwürfe gekommen: "Du hast ja nur mehr das Kind im Kopf!"... Und im Bett war auch nichts mehr los mit ihr. Sie hat versucht, ihre Pflicht zu tun, in der Hoffnung, es würde eines Tages wieder besser werden. Sie hat den Leo ja noch geliebt. Doch schließlich ist ihr eine Kluft zwischen ihnen bewußt geworden, die immer breiter wude. Der Leo verlangte .. und ihr Körper erstarrte. Vor einem Jahr hat er mit der Paula begonnen.

"Mein armer Burschi", jammert die Schwiegermutter, "er ist ja nirgends mehr richtig zuhause." "Gib den Robert in ein Heim, dort hat er sicher eine gute Pflege, und du hast wieder Zeit für deinen Mann!" Endlich geht sie. Diese Frau hat doch auch einmal gemeint, das Kind zu lieben.

Der Hausarzt kommt jeden Tag. Ohne seine Hilfe käme Emma nicht zurecht. "Wie alt sind sie eigentlich?" fragte er neulich. "Schon zweiundzwanzig", entgegnete sie. "So jung noch!" Er legte ihr väterlich seine Hand auf die Schulter. ... Zu ihm kann sie es sagen, daß sie diese Qual kaum noch mitansehen kann, wie grausam sie dieses langsame Sterben empfindet. Ihm kann sie sagen, wie müde sie ist, innen und außen, und wie zerrissen. Er versteht es, wenn sie sich anklagt, dem Kind den Tod gewünscht zu haben, und wenn sie es gleichzeitig dafür um Verzeihung bittet. Er sieht die Anspannung auf ihrem Gesicht und den Mangel an Schlaf.

Der Tag ist schwül. Dem Robert geht es heute besonders schlecht. Er ist anhaltenden Krämpfen ausgeliefert. Er wird gepeinigt von Schmerzen. Sein kleiner Körper wird gequält von Atemnot."O Gott, laß ihn sterben", betet die Emma. Eine Spritze beruhigt ihn für eine Weile. Der Arzt veranlaßt eine Einweisung ins Krankenhaus. Wird man ihm dort eine Linderung verschaffen können? "Und was ist das?" fragt er, obwohl er weiß, was es ist. Er deutet auf die blauen Flecken auf Emmas Armen und auf ihrem Gesicht. "Der Leo war betrunken", sagt sie. "Seit es bei uns nicht mehr funktioniert, trinkt er. Aber ich kann es nicht ändern. Es wird immer schlimmer mit dem Alkohol. Ich weiß nicht, wie es der Paula mit ihm geht."

Seit Tagen ist die Wäsche liegen geblieben. Der Leo braucht gebügelte Hemden, die er sicher bald holen wird. Die Wohnung muß durchgeputzt werden. Die Arbeit tut der Emma gut, und es ist schon längst Mitternacht vorbei, als sie todmüde ins Bett geht. Nun werde ich schlafen können, denkt sie.

"Steh auf! Ich habe Hunger." Emma wehrt sich gegen das Erwachen. Ein Traum! Da wird ihr die Decke weggezogen. Leo. Total betrunken. "Ich habe Hunger", wiederholt er, lallt er. "Koch' mir was!" Sie schaut auf den Wecker. Zwei Uhr. "Doch nicht jetzt!" sagt sie, "mitten in der Nacht." Seine Stimme wird drohend: "Steh auf!" Sie bekommt Angst. Es ist noch

Spinat da und zwei Würstl, fällt ihr ein. Sie geht ihm voran in die Küche, um beides zu wärmen. Er sitzt am Tisch mit verglasten Augen. Ihr Leo! "Hier", sagt sie, "iß!" Doch er nimmt nur einige Bissen. ... "Komm her!" Er will ihr unters Hemd greifen. "Bist doch meine Frau!" Doch sie weicht zurück an den Herd. Er grinst sie wortlos an. Dann nimmt er ein Stückchen Wurst, taucht es in den Spinat und schießt es an die Wand. Er beginnt eine richtige Schlacht. Die nächsten Stücke fliegen an das Fenster, an den Vorhang, an die Lampe, an die Decke, an die Türen.

Emma verfolgt seine Würfe unbeweglich, nur mit den Augen. Ein Stück trifft sie ins Gesicht, dies findet der Leo besonders lustig. Sie wischt sich mit dem Handrücken ab, dann greift sie, fast wie in Zeitlupe, nach der Bratpfanne, ein Rest Spinat ist noch drin. ...Der betrunkene Mann beobachtet den Schwung ihres Armes wie gelähmt, dann spürt er einen dumpfen Schlag auf dem Kopf. Das Blut spritzt und der Spinat. Der Leo sieht nicht mehr aus den Augen. Noch immer ruhig, ruft Emma die Rettung. "Ich habe meinem Mann die eiserne Bratpfanne aufgesetzt", sagt sie. Erst jetzt beginnen ihr die Knie zu zittern.

Den Leuten von der Rettung bietet sich ein groteskes Bild: Blut und Spinat, wohin sie schauen. Die Emma hat dem Leo ein Handtuch um den Kopf gewickelt, um das Blut zu stillen, es ist rot und grün. Auch Emmas

Nachthemd ist voll Blut und Spinat. "Hoffentlich ist sein Schädel hart genug, daß er's überlebt", meint ein Rotkreuzhelfer. Am Nachmittag war er dabei, als sie das Kind abholen mußten. Die Emma zittert nun am ganzen Körper. Die Zähne schlagen ihr aufeinander. "Wir nehmen sie am besten mit", sagt der Mann, "sie brauchen dringend einen Arzt."

Die schwere Körperverletzung wird zu Protokoll gegeben und kommt zur Anzeige. Der Gerichtsarzt stellt Emmas Überforderung fest durch die lange Krankheit des Kindes, und er weist auch auf die Tätlichkeiten des Gatten hin. Beides führt zu mildernden Umständen.

Leo ist noch im Krankenhaus, als Emma die Scheidung einreicht. Scheidung! Das will ihm nicht in den Kopf. Warum sollen sie es denn nicht noch einmal miteinander versuchen, wo sie ihn doch nicht ganz erschlagen hat. Er ist nicht nachtragend. Außerdem weiß er ja, daß er nicht unschuldig ist an seiner Kopfverletzung. Da muß er ja ganz schön blau gewesen sein. "Es wird ihnen kein Schaden bleiben", hat der behandelnde Arzt gesagt, "ihr Schädel war ja gut konserviert."

Emma sitzt an seinem Bett. Ohne Alkohol ist er fast wieder jener Leo von früher.

"Ich mag dich noch immer", sagt er. Seine Stimme und seine Augen schmeicheln. Emma schaut ihn an. Er ist

50

liebenswert, unbeschwert, denkt sie, so unbeschwert, daß er nicht begreift. Er steht immer noch an jener Stelle, an der sie ihn verlassen hat, als er sich weigerte, den Weg mit ihr zu gehen. "Morgen hole ich das Kind aus dem Krankenhaus", sagt sie. Sie sagt nicht: unser Kind. Sie sagt: das Kind.

Es wird noch einige bittere Tage dauern ... Vor diesen letzten Tagen hat sie Angst.

Wie von weither wird ihr bewußt, daß Leo auf eine Antwort wartet, daß er eine Antwort erhofft, die sie ihm nicht geben kann. Sie greift nach seiner Hand und sucht nach Worten. "Es ist gut", sagt sie, "daß wir einander nicht mehr böse sind."

Als Leo sie zu verstehen beginnt, ist Emma nicht mehr da.

Die Besenbinderin

Des Menschen Tage gleichen dem Gras ...

Es war im Jahr 1886 und es muß im Spätherbst gewesen sein, erinnerte sich der Xaver später, wenn er seinen Enkelkindern diese Geschichte erzählte. Es war noch gar nicht richtig Tag gewesen, als ihn die Mutter zum Schmied hinunter geschickt hatte. Über dem Bach war der Nebel gelegen, und er hatte gemeint, schwarze Arme würden heraus greifen nach ihm. Am liebsten wäre er nicht weiter gegangen, sondern umgekehrt und heimgelaufen, so enterisch (unheimlich) war ihm. Vielleicht hatten diese schwarzen Arme auch den Vater angegriffen ... !

In der Nacht war er ganz unerwartet heimgekommen aus dem Tschechischen, wo er in einer Brauerei arbeitete . Sie hatten ein Klopfen gehört an der Tür. Die Mutter schob immer den Riegel vor, wenn sie allein waren, und als sie nachschaute, wer um diese späte Stunde noch käme, war es der Vater . "Mein Gott", entsetzte sich die Mutter, "wie schaust denn du aus . " "Hilf mir!" sagte der Vater . Da half sie ihm ins Bett . Das Fieber schüttelte ihn. "Ich wäre nicht mehr weit gekommen", sagte er . "Die Brust zerspringt mir, und es zerreißt mir den Bauch. Im Rock steckt das Geld!"

Die Mutter kochte ihm einen Absud aus Huflattich, strich einen Brei aus zerdrückten Blättern auf seine Brust und seinen Bauch, machte ihm Essigwickel an

den Füßen, deckte ihn zu mit allem, was sie hatte, befeuchtete ein Tuch mit Schwedentropfen, und legte es ihm auf die glühende Stirn . "Was hast du denn da erwischt?" fragte sie. Der Vater wußte es nicht.
"Gestern ist der Sepp gestorben", sagte er . "Hol Holz, Xaver, wir müssen fest heizen, und viel Wasser aufstellen, der Vater kriegt ja keine Luft mehr."

Als es draußen zu dämmern begann, war alles vorbei . Die Mutter saß da wie erschlagen. "Traust du dich hinunter gehen zum Schmied", fragte sie, "ich brauch' wen, der mir hilft. " . . . Es war sehr kalt gewesen, als sie den Vater begraben hatten.

Dann waren keine zwei Wochen vergangen, da war es mit der Mutter so weit. "Ich weiß nicht, was mit mir ist", sagte sie. Sie nahm ein Wolltuch um die Schultern, obwohl der Ofen hergab, was er konnte. Das ging einige Tage so. Es schüttelte sie vor Kälte, und in ihrem Kopf war es, als stecke er zwischen glühenden Zangen. Sie versuchte, die Hausarbeit noch zu tun, doch dann ging es nicht mehr. Sie hatte sich Tee gekocht, zum Trinken und zum Auflegen, nun bat sie den Xaver, ihr den Häfen neben das Bett zu stellen.
"Laß die Kleinen nicht her zu mir! Geht zur Schmiedin! Sagt ihr, daß mir nicht gut ist."

Das war am Nachmittag gewesen. Am Abend kam die Schmiedin mit den Kindern herauf. Sie brachte heiße

Suppe mit. "Bleib im Bett", sagte sie, " ich schau mich schon um, daß alles geschieht, und der Xaver hilft mir dabei." Doch die Mutter konnte die Suppe nicht essen, und sie erlaubte der Schmiedin nicht, an ihr Bett zu kommen. "Du holst dir den Tod", sagte sie. "Denk an deine Kinder!" Die Schmiedin meinte: "Geh, was redest denn da." Aber das sagte sie nur so. Als sie daheim mit ihrer Arbeit fertig war, kam sie noch einmal herauf, um nachzuschauen und zu helfen. Als sie der Mutter den Umschlag wechseln wollte, wehrte diese ab: "Komm mir nicht nahe!"

"Nimm die Kinder mit hinunter, das ist die einzige Hilfe, die du mir geben kannst." Und zum Xaver sagte sie, er müsse sich um die Kleinen annehmen. "Geh mit ihnen zur Maridl-Moahm, wenn es so weit ist, und bitt' sie, daß sie euch aufnimmt."

Als der Xaver begriff, was sie meinte, wollte er hin zu ihr, wollte nach ihrer Hand greifen, verkrallte sich am Bettzeug, doch die Schmiedin zog ihn fort. "Morgen ist alles besser", sagte sie, und hielt ihn fest. Der Xaver versuchte, sich loszureißen, denn was die Schmiedin sagte, war ja nicht wahr. Da gebot die Mutter mit letzter Strenge: "Geh, Xaver!"

Und dann brachten sie auch die Mutter auf den Friedhof.
Die Maridl-Moahm wohnte in der Nähe von Loben-

55

stein. Sie war die einzige Schwester des Vaters, und bis dahin alleinstehend und kinderlos gewesen. Nun hatte sie auf einmal drei Kinder in ihrem Häusl.

Sie war sehr ängstlich und abweisend, denn es wußte ja niemand, welche Pestilenz ihr Bruder aus der Tschechei hergeschleppt hatte. Erst als einige Zeit vergangen war, und keines der Kinder erkrankte, wurde sie ruhiger und zugänglicher. In den ersten Tagen weinten die Kleinen viel. Sie wollten heim, wollten nur von der Mutter die Suppe nehmen und von der Mutter ins Bett gebracht werden. Die Leni ließ sich nur vom Xaver auf das Kacherl (Topf) setzen. Doch allmählich gewöhnten sie sich an die Maridl-Moahm, auch an die neue Umgebung, und waren nun hier zuhause.

Es gelang ihnen durch ihre kindliche Bedürftigkeit, in der Muhme eine verborgene Herzensgüte zu wecken, die bisher brachgelegen war, in ihrem einschichtigen Leben.
Je mehr die kleinen Geschwister die Eltern vergaßen, desto einsamer wurde der Xaver. Anfangs war die Muhme bemüht um ihn, doch sie fühlte sich von ihm zurückgewiesen. Sie war doch gut zu ihm. Warum versperrte sich der Bub gegen sie? Sie kannte sich mit ihm nicht aus, hielt ihn für undankbar und so fiel die Türe zu, die sie für ihn offen gehalten hatte. Sie sorgte für ihn, wie sie es für ihre Pflicht hielt, doch ihre Liebe schenkte sie den zwei Kleinen.

Wenn er zu keiner Arbeit gebraucht wurde, ging der Xaver gerne auf den Heuboden. Durch die Dachluke sah er den schweren, eckigen Turm von Lobenstein über die Bäume herausragen, und dann war er ein Ritter, groß und stark, und er befreite die Königin, die dort gefangen war.

In den Nächten schrie er oft auf, denn da kam immer und immer wieder derselbe Traum. Er sah die Mutter liegen, auf dem Bett, ganz allein, und wenn er hinwollte zu ihr, wurde ihm der Weg zu eng, oder zu steil, und wie er sich auch mühte, er erreichte sie nicht, oder wenn er meinte, er könne schon nach ihr greifen, griff er ins Leere. Jemand schrie: Geh weg! Geh weg! Und da war eine tiefe, schwarze Grube, da war der Vater drin, und er sollte ihm heraushelfen, doch der Boden gab nach, und der Xaver fiel und fiel. Und dann kam einer, den hatte er einmal auf einem Bild gesehen, der war nur aus Knochen, der schüttete Erde über ihn und er bekam keine Luft mehr.

Eines Tages hörte er, wie die Muhme einer Nachbarin erzählte, in der Nacht sitze die Trud' auf seiner Brust und bringe ihn zum Schreien. Das komme davon, weil er so verstockt sei.

Mit den Jahren schwand der Traum, doch der Xaver blieb ernst und verschlossen. Mit ausgelassener Lustigkeit konnte er nichts anfangen und es hieß von ihm, er verstehe keinen Spaß. Er kam zu einem Tischler in die Lehre. Der Meister schätzte ihn, weil er fleißig war und geschickt. Manchmal geschah es, daß er zu den anderen Lehrbuben sagte, sie sollten sich ein Beispiel nehmen am Xaver, der sei tüchtiger und flinker als sie, weil er nicht so viele Dummheiten im Kopf habe. Da schworen sie, es dem Xaver heimzuzahlen, aber es hatte keiner so starke Fäuste wie er. Da ließen sie es lieber sein, und sie wollten es sich auch nicht mit ihm verderben, denn der Xaver griff schnell zu, wenn einer alleine nicht zurecht kam mit einem Auftrag.

Als er Geselle war, verliebte er sich in die Anna, die Tochter seines Lehrherrn. Sie war herangewachsen, vom kleinen Mädchen zur hübschen Jungfer, und nun gefiel es ihm sehr, wie sie lachte und sang, und über den Hof schritt, und er hatte bemerkt, wie die anderen Gesellen ihr nachsahen und sich darin überboten, sich vor ihr aufzuspielen.
Sogar die Lehrlinge, diese kleinen Rotzbuben, wurden unruhig, wenn die Anna in der Nähe war.

Der Meister würde eines Tages einen Nachfolger brauchen, überlegte der Xaver. War er ihm nicht wohlgesinnt? Und die Anna, als Frau Meisterin ...!
Da beschloß er, sich ein Herz zu nehmen und sie zum Sonnwendtanz einzuladen, der nicht mehr lange ausstand.
Doch die Anna schaute ihn nur überrascht an, dann

schüttelte sie lachend den Kopf. "Aber Xaver", sagte sie, "zum Tanzen brauche ich einen Lustigen, nicht so einen hölzernen Stock wie dich!"

Zum Tanz ging sie mit dem Gustav, der war ihr lustig genug, aber der Meister hielt nicht viel von ihm.

Bald, nachdem dies vorgefallen war, erfuhr der Xaver, daß eine gute, ordentliche Tischlerei in einem Markt im oberen Mühlviertel durch einen tragischen Todesfall seit einiger Zeit ohne Meister war und die Meisterin nicht übel wäre.

Dies kam dem Xaver gerade recht. Am Sonntag erbat er Pferd und Wagen und begab sich hin, um sich zu bewerben um den Posten, und um die Hand der Frau. Sie wurden einig, und beschlossen die Hochzeit für das kommende Frühjahr.

Dem Meister war es leid, als der Xaver seinen Abschied nahm. Er hatte heimliche Hoffnungen auf ihn gesetzt, auf ihn und die Anna. War der Xaver der einzige, dem sie nicht gefiel? "Du wirst hier fehlen", sagte er, denn er hatte keinen in der Werkstatt, auf den so gut Verlaß war. "Ich werde euch immer in Ehren halten", versicherte der Xaver. Er heiratete nun ein in einen Betrieb, und setzte seinen ganzen Fleiß und seinen Ehrgeiz ein, die Werkstatt gut zu führen und selbst ein guter Meister zu sein.

Seiner Frau begegnete er mit jener Höflichkeit und Zurückhaltung, die er ihr zugesichert hatte, als sie die Heirat beschlossen hatten.

Der Xaver fühlte sich wohl vom ersten Tag an, denn die Frau begegnete ihm herzlich und fürsorglich. So vergingen mehrere Monate. Doch eines Tages wurde ihm bewußt, daß sich etwas Neues hinzugsellt hatte.

Wenn ihm die Arbeit gut von der Hand ging, freute es ihn, wie ihre Augen die gute Arbeit sahen. Er sah den Respekt der Burschen vor der Meisterin, und war stolz darauf, daß sie seine Frau war. Aber das alleine war es nicht!

Er entdeckte seine Freude daran zu beobachten, wie sie das Haar zurückstrich, und dies schien ihm vertraut von lange her. Sie bewegte sich anders als die Anna, nicht so verspielt und darauf bedacht zu gefallen, würdiger, schien es ihm, und es war schön und beglückend für ihn, sie zu sehen und in ihrer Nähe zu sein. Das Wort Liebe fiel ihm ein. So war das nicht gewesen mit der Anna.

Da ging er in die Schlafkammer und schaute in den Spiegel. Er versuchte, sein Gesicht so zu sehen, wie sie es sah. Über den grauen Augen lagen dichte Brauen, die Nase war gerade und kräftig, über dem Mund ein heller Bart, wie das helle, gewellte Haar. Hatte so nicht auch der Vater ausgesehen? Er war ebenso groß wie dieser. Die Mutter hatte ihm nur bis an die Schultern gereicht, daran konnte er sich noch gut erinnern.

Und es war auch einmal vorgekommen, daß der Vater sie hochgehoben und herumgedreht hatte, daß sie alle lachen mußten.

Es wunderte ihn, daß auf einmal diese fröhlichen Bilder in ihm aufstiegen, nachdem er so viele Jahre nichts von ihnen gewußt hatte. Seine Geschwister fielen ihm ein. Er hatte sie lange nicht gesehen. War es die Frau, die solche Erinnerungen und Gedanken in ihm weckte? Was sie wohl dazu sagen würde, wenn er sie in die Arme nähme und hochhöbe, wie einst der Vater die Mutter, um sie herumzuwirbeln?

Als sich am Abend die Gesellen und Lehrlinge zurückgezogen hatten und sie alleine waren, bat er sie, ein Glas Wein mit ihm zu trinken. Sie tat es gern und holte die schönsten Gläser aus dem Schrank. Nun saß sie ihm gegenüber, und der Schein der Lampe streifte ihr Gesicht. Da konnte es der Xaver nicht aushalten, ohne sie anzuschauen. Er hatte bisher nicht gewußt, daß Glück wehtun konnte. Sie hob die Augen und begegnete seinem Blick. "Xaver", sagte sie nur, doch sie sagte es so, wie er seinen Namen noch nie gehört hatte. Da fragte er nicht mehr, ob er sie herumwirbeln dürfe. Sie war so leicht in seinen Armen!

Als sie später an seiner Seite lag, war es ihm, als ob er

erst heute mit ihr Hochzeit gemacht hätte und er spürte voller Dankbarkeit die erlösende Kraft, die von ihr ausging.

Er begann mit ihr zu reden, sich ihr mitzuteilen, unbeholfen erst, doch die Dunkelheit der Kammer half ihm dabei.

Auch die Frau tat sich ihm auf. Der unerwartete Tod ihres Mannes hatte ihr viel zu grübeln gegeben. Es tat ihr gut auszusprechen, was sie bedrückte.

"Du hast mir Zeit gelassen", sagte sie, "auf deine Art, das war gut für uns beide." Nun liebte sie ihn, sagte es ihm, war ohne Scheu, weil sie sich seiner sicher sein durfte.

Und eines Tages sagte der Xaver, er verstünde nun, wie das war, als der Stein weggewälzt war vom Grab.

Ein Rosenwunder

In der Nacht des 9. Juli 1945 hatte unsere Mutter schon wieder ein Mädchen geboren! Jetzt waren wir sieben Kinder. Zuerst waren vier Mädchen, dann kam im Oktober 1940 unser Bruder zur Welt. Ein weiteres Mädchen gab es im November 1942, und jetzt eben wieder eines. Unsere Mutter hatte eine sehr schwere Zeit hinter sich.

Der Vater war seit 1939 Soldat gewesen. In der ersten Kriegszeit war er zwar hauptsächlich auf Flugwachen im Hinterland stationiert, vorübergehend sogar auf dem Windbühel, einer Anhöhe gleich außerhalb von Leonfelden. Aber mit dem fortschreitenden Krieg kam er weiter weg von Zuhause zum Einsatz. Seine Urlaube wurden selten. Er war ziemlich lang in Frankreich, wurde aber glücklicherweise kurz vor der großen Offensive der Alliierten, am 6. Juni, in der Normandie, von dort abgezogen. Als es gegen Ende des Krieges fast kein Hinterland mehr gab, weil von allen Seiten die Front heranrückte, waren oberhalb Aigen schwere Kämpfe. Das dürfte anfangs April gewesen sein. Von dort hatten wir noch Post bekommen. Dann galt unser Vater als vermißt.

Die Mutter war also mit sechs Kindern allein, und im letzten Kriegsjahr schwanger zum siebenten Kind. Jede Verantwortung für die große Familie lag alleine auf ihren Schultern. Es blieb ihr gar nichts anderes übrig, als eine sehr selbständig denkende und handelnde Frau zu werden. Sie schaffte es, aus sparsamsten Mitteln für uns ein gutes Essen zu kochen, und wir wurden immer satt. Alte Kleider waren eine Kostbarkeit! Sie wurden zertrennt, gewaschen, gewendet. Das war sehr arbeitsaufwendig, doch dadurch hatten wir immer etwas Ordentliches anzuziehen, sogar in der ärgsten Notzeit.

Eine Haushaltsführung war damals viel mühsamer als jetzt. Jede Arbeit mußte händisch gemacht werden. Außerdem gab es keinerlei Fertigprodukte zu kaufen. Wer zum Beispiel Suppennudel brauchte, oder Flekkerl für eine Fleckerlspeise, mußte sich selber helfen. Sobald Heidelbeeren und Himbeeren reif waren, gingen wir mit unseren großen "Beerenpitschn" in den Wald, um genügend heimzubringen, für Marmelade, die reichen mußte bis zum nächsten Sommer. Der Zucker für die Marmelade war natürlich auch keine Selbstverständlichkeit, sondern war nur vorhanden durch konsequente Planung.

Doch die Sorge um Essen und Kleider war für die Mutter sicher nicht das Schlimmste. Viel belastender war das Bangen um unsere Sicherheit, obwohl Fliegeralarm bei uns auf dem Land bei weitem nicht so bedrohlich war, wie in der Stadt. Bei uns gab es keine Industrie, und so hofften die Leute, Leonfelden wäre ganz sicher kein lohnendes Ziel für Bomben.

Trotzdem war jeder erleichtert, wenn wir wieder einmal gut davongekommen waren.

Wenn in der Nacht die Sirene heulte, und uns die Mutter aus dem Bett holte, hörten wir über uns die Motoren der Feindflieger und fragten uns, welche Stadt diesmal dran sei. Wir sahen am Himmel die 'Christbäume', die das Ziel markierten, und hörten es oft bis zu uns her 'wummern', wenn die Bomben einschlugen. Nach der Richtung zu schließen, wußten wir ziemlich genau, wo das Bombardement war. Unsere Mutter faltete dann die Hände und sagte: "Diese armen Menschen! Beten wir für sie."

Wenn untertags ein Angriff war, sahen wir die Flugzeuge am blauen Himmel glitzern, und einmal war ich mit meiner kleinen Schwester Antonia ganz allein unterwegs, als ganz in der Nähe, über einem Wald in Weinzierl, einem Dorf, das zur Gemeinde Leonfelden gehört, ein Notabwurf war.

Später sind wir mit unseren Lehrkräften hingepilgert, um die riesigen Bombentrichter anzuschauen.

Jedesmal, wenn Alarm war, stellte die Mutter ein Köfferchen mit den Dokumenten und allem, was uns wichtig war, auf den Tisch, sodaß wir sofort bereit waren, sollte es brenzlich werden. Der Keller im Sengstschmiedhaus hat ein dickes, uraltes Gewölbe, und war damals zum Luftschutzkeller bestimmt. Wir brauchten nur die Stiege hinunterzulaufen, denn wir wohnten ja dort. Im März 1945 packte die Mutter verschiedene

Sachen zusammen, um für den Notfall einiges in Sicherheit zu bringen. Es wußte ja keiner, was in den nächsten Wochen geschehen würde. Der Krieg nahm immer beängstigendere Formen an. Alle Leute beschäftigte die Frage, wer zuerst kommen würde, die Amis, oder die Russen. Trotz der Lebensmittelknappheit hatte es die Mutter geschafft, Mehl, Grieß, Zucker und Reis auf Vorrat zu sparen. In alten Häusern gibt es meistens irgendwo einen toten Raum, unter Treppen, unter Fußböden ... Nicht nur beim Sengstschmied, sondern in vielen Häusern wurden damals Verstecke gesucht und hergerichtet. Lebensmittel, Bettwäsche, alles was entbehrlich war, kam da hinein. Unsere Mutter versteckte auch die Babywäsche, die wir im Sommer brauchen würden. Dann wurde zugemauert und ein Kasten davor gestellt. Aber sie gab nicht alles zum Sengstschmied, das war ihr zu unsicher. Was geschah, wenn der Ort mit schwerer Artillerie beschossen wurde? Dann nutzt ein zugemauertes Versteck auch nicht viel. So brachten wir Kinder auf unserem Handleiterwagen einen Teil der Vorräte zum Onkel Hansl nach Ortschlag, denn dort gab es auch so ein Loch.

Der April ging zu Ende, und wir hatten immer noch keine Nachricht von unserem Vater. Während dieser schweren Zeit habe ich unsere Mutter nur ein einziges Mal weinen gesehen. Ein Onkel war zu Besuch gekommen, um sich zu erkundigen, wie es ihr ging. Sie redeten über den vermißten Vater, und der Onkel versuchte, sie zu beruhigen. Er meinte, es gehe jetzt überall alles drunter und drüber. Soldaten würden versprengt, hätten keine Verbindung zu ihrer Einheit. Wenn der Vater tot wäre, hätten wir es sicher schon erfahren. Sie solle doch jetzt die Hoffnung nicht verlieren, da bald alles vorüber sei.

Am 6. Mai wurde Leonfelden den Amerikanischen Streitkräften übergeben. Es gab keine Schießerei. Ganz ruhig fuhren Panzerspähwagen, Jeeps und große Militätfahrzeuge voller Soldaten in den Ort ein.

Am Pfingstsonntag wurde am Nachmittag in unserer Bründlkirche eine Maiandacht abgehalten, die zugleich eine Dankandacht war.

In der Kirche hätte niemand umfallen können vor lauter Menschen! Als wir nachher herauskamen, lief uns ein Bekannter entgegen und rief: "Die Amis haben das Sengstschmiedhaus besetzt! Ihr habt höchstens noch eine halbe Stunde Zeit, um eure Sachen herauszuholen." Und so war es auch wirklich.

Als wir heimkamen, erwartete uns bereits ein Soldat vor unserer Tür und sagte in deutscher Sprache: "Schnell! Schnell! Schnell!" Aber wohin mit uns allen? Für wie lange? Was sollen wir in solcher Eile mitnehmen?

Die Mutter ging mit den Kleineren zum Schober auf der Haid, Verwandten des Vaters. Uns Großen trug sie auf, gut auf uns aufzupassen und schickte uns ins Weinzierl zur "Stehrer-Moahm". Dort war bereits die ganze Stube voll mit Menschen. Teils waren es Flüchtlinge, teils Unterschlupfsuchende wie wir. Da kam es auf uns auch nicht mehr an.

Gott sei Dank, durften wir nach einigen Tagen in unsere Wohnung zurück. Die Amis benutzten nur noch den Stadel gleich hinterm Haus als Feldküche. Zur Essenszeit waren die Soldaten meistens umringt von Kindern. Manche Amis waren sehr freundlich zu uns und überließen uns ihre Nachspeise. Damals haben wir Grapefruitscheiben und Kaugummi kennengelernt.

Mit der Lebensmittelversorgung war es nach Kriegsende viel schlimmer, als während des Krieges, denn nun war jede Regelung zusammengebrochen und es mußte erst eine neue Ordnung gefunden werden. Damals waren wir sehr froh um unsere mühsam zusammengesparten Vorräte.

Im Juni kam unser Vater heim. Gott sei Dank! Er war bis dahin in einem Internierungslager für deutsche Soldaten gewesen. Doch während seiner langen Abwesenheit war vieles geschehen. Als er nun hier war, fanden unsere Vaterträume keine Übereinstimmung mit der Realität. Über entscheidende Jahre hin hatten wir nur einen "Urlaubsvater" gehabt, und diese seltenen, viel zu kurzen Tage hatten nicht gereicht, um eine Brücke zu bauen über Erlebnisse, die wir nicht miteinander geteilt hatten. Ihm ging es nicht besser.

In seiner Sehnsucht nach Familie waren wir jene, die er zu Kriegsbeginn gekannt hatte.

Nun war es mühsam für uns, wieder aufeinander zuzugehen, und es dauerte schmerzlich lange, bis wir uns fanden.

Kurz nach seiner Entlassung aus dem Lager nahm der Vater die Arbeit in der Molkerei wieder auf, wie vor dem Krieg.

Und nun stehe ich wieder am Anfang meiner Geschichte.
An jenem 9. Juli, als unsere Mutter wieder ein Mädchen geboren hatte, mußte der Vater schon bald in der Früh im Dienst sein, obwohl er in der Nacht bei der Entbindung dabei gewesen war. In großer Sorge trug er uns auf, während seiner Abwesenheit gut auf die Mutter zu achten.
Am Vormittag begann sie über einen zunehmenden Druck auf der Brust zu klagen."Das ist die einschießende Milch", meinte unsere alte Hebamme, die Frau Maas. Sie hatte eine anstrengende Nacht hinter sich und wollte nun heim, um zu schlafen.

Wir Größeren gingen mit den kleinen Geschwistern ins Freie spielen, um der Mutter eine Weile Ruhe zu gönnen. Als wir einige Zeit später wieder heimkamen, um nach ihr zu sehen, lag sie so seltsam gelb im Bett.

Ihr Gesicht sah aus wie Kerzenwachs. Sie klagte über diesen furchtbaren Druck, der immer ärger wurde, und daß sie die Hände kaum mehr heben könne. Als wir so ratlos um ihr Bett standen, kam die Pötscher Maria dazu, die uns beim Haushalt helfen wollte, während die Mutter im Wochenbett war. 'Auswarten', nannte man das. Die Mutter sagte, sie habe das Gefühl, das ganze Blut rinne aus ihr. Als wir die Tuchent ein bißchen anhoben, sahen wir, daß das Leintuch über und über rot war. Da wollten wir unseren Arzt holen, aber der war auf Krankenvisite und nicht erreichbar. Bei uns auf dem Land gab es damals ja nirgends ein Telefon. Was sollten wir tun? Wir konnten unsere Mutter nicht mehr länger so liegen lassen. Sie würde sterben! "Versucht es bei den Amis!" riet uns die Pötscher Maria.

Im Haus gegenüber, beim Zahnarzt Schwarz, war eine Ordination für die Besatzungsoldaten eingerichtet. Meine Schwester Rosi und ich nahmen unseren ganzen Mut zusammen und gingen hinüber. Wie sehr kam es uns nun zugute, daß uns Fräulein Paula Feichtner, die gefürchtete 'Vokabelhex', wie sie nicht nur bei den Schülern hieß, so viel Englisch eingebleut hatte, daß wir nun tatsächlich mit dem amerikanischen Arzt sprechen konnten: [1]"Please, come to help us, our mother is very ill!" Aber er wollte nicht. Er sprach langsam und deutlich mit uns, sodaß wir ihn gut verstehen konnten. Er sagte, er sei nur für die amerikanischen Soldaten zuständig, aber nicht für die Zivilbevölkerung. Doch

[1] Bitte helfen Sie uns, unsere Mutter ist sehr krank

unsere Not war viel zu groß, als daß wir uns so leicht hätten vertreiben lassen. [1]"If you don't come, our mother will dy. She got a baby this night."

Das sei nicht seine Sache, erklärte er uns. Und er fügte hinzu, wir sollen zu unserem eigenen Doktor gehen. Aber wir standen wie angewurzelte Bäume. Wir sagten ihm, unser Doktor sei nicht da, und das Bett unserer Mutter sei [2]red, over and over! Sie könne die Hände nicht mehr heben und das Herz tue ihr so weh. Nun hatten wir ihn so weit! Er kam mit uns, und nahm sogar noch einen Assistenten mit. Wir brachten beide an das Bett unserer Mutter. Als der Arzt ihr Gesicht sah, schickte er uns gleich aus dem Zimmer und schloß die Tür. Wir hörten laute Überlegungen, die wir nicht verstanden, dann lief der Assistent hinüber in die Ordination. Er brachte eine Menge Zellstoff, Unterlagen, noch verschiedenes, und eine Infusionsflasche mit einer gelben Flüssigkeit, einen ganzen Liter. Wir warteten endlos! "Es wird alles gut!" sagte die Pötscher Maria. Der Assistent kam heraus, verlangte eine Waschschüssel mit warmem Wasser und verschwand wieder. Als wir später ins Zimmer hinein durften, war die Infusionsflasche auf dem Wäschekasten befestigt und die Flüssigkeit tropfte in den Arm unserer Mutter.

•

---

[1] Wenn Sie nicht kommen wird unsere Mutter sterben. Sie bekam diese Nacht ein Baby

[2] ...das Bett unserer Mutter sei über und über rot.

Ihr Bettzeug lag auf dem Boden. Die Schüssel mit dem blutigen Wasser trug der Assistent hinaus. Die Mutter war versorgt wie in einem amerikanischen Lazarett. [1]"You are very clever children", sagte der Arzt zu uns. [2]"Your mother will not dy. Tomorrow I come again, to look for her." Der Assistent wiegte unsere kleine Schwester im Arm und sagte immer wieder: [3]"What a nice baby!"

Als es unserer Mutter wieder besser ging, überlegte sie, wie sie sich bedanken könnte. Weil wir sonst nichts hatten, fielen ihr unsere Rosen ein. Sie schickte uns in den Garten um nachzuschauen, ob welche da seien, gerade im Aufblühen. Wir hatten damals viele Rosenstöcke.

So schnitten wir alle Rosen ab, die gerade recht schön in der Knospe waren, es war ein ganzer Arm voll, und trugen sie in die amerikanische Ordination. Die beiden Amis hatten sicher nicht erwartet, daß wir uns bedanken würden. Und auf einen Dank in dieser Form waren sie schon gar nicht gefaßt. Ich weiß noch, daß ich sehr glücklich und stolz war, als sie unsere Blumen mit so viel Freude annahmen. [4]"Such a wonderful honour for our help, we will get nevermore, in all our life. Many thanks!" sagte der Arzt zu uns.

[1] Ihr seid sehr tüchtige Kinder.
[2] Eure Mutter wird nicht sterben. Morgen komme ich wieder um nach ihr zu sehen.
[3] So ein hübsches Baby!
[4] So ein wunderbares Honorar für unsere Hilfe werden wir in unserem ganzen Leben nicht mehr bekommen. Vielen Dank!

So ist das mit Gottes Mühlen, dachte ich viel später. Wäre damals unser Doktor erreichbar gewesen, hätte er im Juli 1945 ganz bestimmt kein Mittel gehabt, um unsere Mutter zu retten.

Seit dies geschehen ist, sind 45 Jahre vergangen. Wir haben das Jahr 1990. Im Sommer 1948 haben wir noch einmal eine Schwester bekommen. Seit 7 Jahren ist unsere Mutter Witwe. Heuer im März hat sie ihren 84. Geburtstag gefeiert.

Obwohl sie sich immer noch sehr aufrecht hält, ist sie doch gezeichnet durch ihr schweres Leben. Sie ist alt und müde geworden. Wenn sie mir am Tisch gegenüber sitzt und mit zittrigen Händen das Kaffeehäferl zum Mund führt, denke ich, wie sicher, flink und tatkräftig diese Hände einst waren. Der Körper unserer Mutter ist mit den Jahren eine zerbrechliche Hülle geworden und ich frage mich, wie lange er noch Herberge sein kann für ihre starke Seele.

PS: Am 28.Juli 1945 besetzten russische Truppen anstelle der Amerikaner den Markt Leonfelden. Das Mühlviertel gehörte seit dem 24.Juli, bis zur Unterzeichnung des österreichischen Staatsvertrages am 15.Mai 1955 in die russische Besatzungszone.

Meine Mutter

Eine nicht lustige Weihnachtsgeschichte

Seit seine Frau gestorben ist,lebt der Sepp alleine in seinem Häusl im Dorf. Er geht schon gegen die achtzig. Von vielen Jahren Waldarbeit ist er ausgerackert, aber immer noch rüstig, bis auf das Kreuzweh und auf die Augen, die nicht mehr so gut sind wie früher. In sein Gesicht hat das Leben ein ganzes Buch geschrieben. Um sein Essen nimmt sich die Lehnerin an, eine gute, alte Nachbarin. Und einmal in der Woche, jeden Mittwoch, kommt sein Enkerl aus der Stadt, um nachzuschauen, was der Großvater braucht. Ein liebes Dirndl ist die Kathi. Als sie noch ganz klein war, hat sie mit ihrer Mutter bei den Großeltern gewohnt, dadurch ist sie dem alten Mann ganz besonders ans Herz gewachsen.

Heute will der Sepp in die Stadt gehen. Eine Stunde Fußweg! Das wäre ja gelacht, wenn er das nicht schaffen würde, hat er zur Lehnerin gesagt. ... Er hat sich nämlich was überlegt, für die Kathi. Eine ganz besondere Freude will er ihr machen! Zum Christkindl. Er hat einiges gespart und damit wird er auf die Bank gehen, um für sie ein Sparbüchl anzulegen. Morgen ist Heiliger Abend, da soll sie es bekommen. Auch einkaufen muß er einige Kleinigkeiten. Er will nicht mit leeren Händen dastehen, wenn ihn der Franz, sein Schwiegersohn, holt, daß er zu Weihnachten nicht allein ist. Er hat gute Kinder.

Für dieses Fest möchte der Sepp ganz besonders gerüstet sein. Wenn er schon einmal in die Stadt kommt, was nicht gar so oft geschieht, dann muß er auch zum Friseur. Das ganze Jahr über schneidet ihm die Lehnerin die Haare, aber die nimmt es nicht mehr so genau. Zu Weihnachten will er ganz ordentlich ausschauen! Auch rasieren möchte er sich lassen. Bei ihm selber wird es nie so ganz glatt, seine Hand ist nicht mehr so sicher, und bei den vielen Falten, er lächelt bei diesem Gedanken, ist's auch nicht so leicht. So zieht der Sepp sein 'besseres' Gewand an. Das Hemd hat er schon ein paarmal angehabt, aber nach seinem Dafürhalten ist es noch ganz sauber. Das 'frische' hebt er sich für morgen auf.

Er hat alles gut geplant. Nun macht er sich auf den Weg, voller Vorfreude wegen der vielen 'Geschäftln', die er sich vorgenommen hat. In der Stadt ist überall vorweihnachtlicher Wirbel. Auf der Bank steht eine Menschenschlange vor jedem Schalter. Aber der Sepp bekommt das Sparbüchl für die Kathi, und das ist die Hauptsache.

Im Kaufhaus drängen sich die Leute, um sozusagen in letzter Minute zu besorgen, was für die Feiertage noch fehlt. Der Sepp wird mitgezogen, mitgeschoben im Strom der Käufer. Es macht ihm nichts aus. Es gefällt ihm sogar! Rundum klingelt's, glitzert's und singt's, und die Verkäuferin ist so freundlich zu ihm, sie

wickelt seine Geschenke in schönes Weihnachtspa-
pier, obwohl er sagt, so viel Mühe hätte nicht sein
müssen. Aber freuen tut es ihn doch.

Jetzt wird's aber höchste Zeit für den Friseur. Wo
findet er einen? Bald entdeckt er über einem Eingang
die Aufschrift "First Class-Frisuren für die Dame und
den Herrn". Den Anfang kann der Sepp nicht lesen:
'First Class' denkt er sich, "das ist halt so eine neue
Mode. Manche Geschäftsleut' meinen, wenn sie was
draufschreiben, das nicht jeder lesen kann, sind sie was
Besseres." Für den Sepp ist nur wichtig, daß seine
Haare ordentlich geschnitten werden und daß sein Bart
wegkommt. Auch hier ist Hochbetrieb. Der Sepp hängt
seinen Mantel und seinen Hut auf einen Haken, stellt
seinen Sack mit den Geschenken vorsoglich dazu, -
den Packerln darf nichts passieren! - und findet noch
einen freien Platz. Sehr lange sitzt er geduldig. Macht
ja nichts. Heute wartet ja noch niemand auf ihn. Erst
morgen. Irgendwann heißt es dann: "Der Nächste,
bitte!" Und das ist der Sepp. Er setzt sich erwartungs-
voll zurecht. Der Friseur steht hinter ihm, mustert ihn,
mustert ihn ganz von oben herab, sieht seinen Hemd-
kragen, der doch nicht mehr ganz so sauber ist, wie der
Sepp gemeint hat, und verkündet schließlich, für alle
vernehmlich, die hier gewaschen, gefönt, gewickelt
und wartend sitzen: Der Alte habe sich an der Türe
geirrt! So was Dreckiges greife in seinem Salon keiner
an! Er könne es ja anderswo versuchen, es gibt ja

Zweitklassiges genug. Ein guter Friseur müsse einfach wissen, was er seinem Salon schuldet.

Der Sepp sitzt unbeweglich, wie erstarrt. Da sagt der Friseur väterlich, wohlwollend: "Na, Alter, geh endlich!" Dabei gibt er ihm einen freundlichen Klaps auf die Schulter. Der Sepp duckt den Kopf, wie vor vielen Jahren in der Schule, wenn er vom Lehrer eins übergezogen bekommen hatte. Dann steht er schwerfällig auf, nimmt Mantel und Hut. .. "He, nimm deine Packeln mit!" ruft ihm einer gutgelaunt nach, während Gelächter dem Sepp in den Rücken fällt.

Später erzählt ein weihnachtlich gewellter Mensch diese 'lustige' Begebenheit im Kaufhaus, um in die Warteschlange vor der Kasse ein wenig Unterhaltung zu bringen. ... Einige lachen, andere tun so, als hörten sie nichts. Manche denken sich ihren Teil, aber sie sagen nichts. "Beinahe hätte der Alte seine Packeln stehen lassen", fährt der Gewellte fort. Er läßt seine Story breit und genießerisch auf der Zunge zergehen, wie ein Vanillekipferl. "Und wie er dann hinausgeschlichen ist ...!"
Rundherum klingelt's, glitzert's und singt's. 0, du fröhliche, o du selige, gnadenbringende Weihnachtszeit ...!
Das Tonband ist schon etwas abgenutzt vom langen Gebrauch, aber wer hört das schon so genau. Nach den Feiertagen wird der Kaufmann ein anderes einlegen.

Der Großvater macht Holzschwingen

Gras zwischen den Steinen

Obwohl das Binderhäusl nicht groß ist - es gehören nur acht Joch Grund dazu und im Stall standen damals nur zwei Kühe und eine Sau - erfuhr es doch einer vom anderen, daß die Rosi mit der Arbeit nicht zurecht kam. Die Verwandtschaft hatte das längst vorausgesehen. Jeder hatte es nur gutgemeint, wenn er dem Ludwig abgeraten hatte, dieses Dirndl zu nehmen, das sich viel zu sehr herausputzte und außerdem zu klein und zu schmächtig war für die Arbeit. Aber er hatte nicht hören wollen! Nun erlebte er selber, wie recht sie gehabt hatten.

Der Ludwig war ein tüchtiger Maurer, und gerade während der warmen, trockenen Jahreszeit gab es für ihn viel auswärtige Arbeit im Taglohn. Wenn er dann am Abend müde heimkam, wartete die eigene Erntearbeit auf ihn, die eigentlich hätte getan sein sollen und das verdroß ihn, machte ihn mürrisch, zornig. Andere Weiber hatten doch auch einen Schübl Kinder. Bei denen blieb aber trotzdem die Arbeit nicht liegen. Warum brachte denn die Rosi rein gar nichts vom Fleck!

Da stand sie am Herd, hatte den Seppei am Arm, der aus Leibeskräften schrie, sie sollte aber längst im Stall sein. An ihrer Schürze zog das Nanei, weil es ihr zeigen wollte, daß der Hiasl von oben bis unten angeschissen war. Und das Maridei schälte Erdäpfel. Wortlos schlug der Ludwig die Tür zu und machte sich draußen an die Arbeit.

Es war an einem wunderbaren, warmen Sonntag im September. Die Kinder spielten auf der Wiese vor dem Haus, nur der Seppei lag in der Wiege und schlief. Seine Eckzähne waren endlich gekommen, nun gab er wieder Ruhe. Der Rosi tat der Frieden wohl. Sogar mit dem Kreuzweh war es heute besser. Das Essen war fertig. Sobald der Ludwig heimkam, konnten sie an den Tisch gehen. Nach der Sonntagsmesse traf er sich meistens mit einigen Männern zum Kartenspiel, oder auch zum Diskutieren.

Und jedesmal war es so, daß der eine oder der andere, der am Sonntag zuvor noch mit ihnen beisammen gewesen war, nicht mehr da war. Es war Krieg, das Jahr 1915, und den Ludwig würde es sicher auch bald erwischen, meinten sie, denn mit der Maurerarbeit war es ja bald vorbei für dieses Jahr.

Die Rosi nützte die Zeit und kramte in ihrer Schublade. Sie öffnete das Tuch, in dem das Kranzl und die Hochzeitsbuschen eingewickelt waren. Damals - war es denn wirklich erst sieben Jahre her - hatte der Ludwig gemeint, so leuchtende Augen wie die ihren gäbe es kein zweites Mal auf der Welt. Ein fescher Bursch war er gewesen, ihr Ludwig, und wie sehr hatte es in ihr gebrannt, wenn er sie an sich gezogen hatte. Sie setzte das Kranzl auf, nahm den Spiegel von der Wand und ging damit ans Fenster. Nun schaute sie sich an, ohne Eile, neugierig, als sähe sie ein fremdes Gesicht. Da waren vorzeitig eingegrabene Linien, Flecken auf den Wangen, farblose Lippen. Sie betrachtete ihre Augen, bis sie sich mit Tränen füllten. Dann hängte sie den Spiegel wieder an die Wand, nahm das Kranzl ab, wickelte es wieder ein und schob es in die unterste Lade, vergrub es unter der Wäsche.

Einige Tage darauf bekam der Ludwig den Einrückungsbefehl. Als er der Rosi sagte, daß er zum Militär müsse, weinte sie voller Verzweiflung. Sie dachte an die Kartoffeln, die noch draußen waren. Die Rüben mußten eingebracht werden. Und in einigen Wochen war es wieder so weit mit ihr, daß sie ins Bett mußte, und es war dann niemand da, ihr einen Beistand zu holen, vielleicht mitten in der Nacht. "Dann mußt du das Maridei zur Sali hinaufschicken", sagte der Mann. "Ich geh' heute noch zur ihr und bitt' sie um ihre Hilf'." Dem Ludwig war's gar nicht wohl bei dem Gedanken, die Rosi allein lassen zu müssen. ... Als wäre er bisher blind gewesen und hätte ihn erst der Einrückungsbefehl sehend gemacht, so war ihm jetzt zumute.
"Und dem Schwager sag ich, sie sollen herüberschauen zu dir. Sind genug Leut' da, daß sie dir beim Erdäpfelgraben helfen können." O mein Gott, dachte die Rosi, wenn nur die Schwägerin nicht so bös' wär.

Die hatte doch vom Anfang an kein gutes Haar an ihr gelassen, hatte immer nur gestichelt und gestichelt und keine Gelegenheit versäumt, um dem Ludwig zu sagen, was er mit dieser Heirat für eine Dummheit gemacht hatte. "Sag nix", bat sie. "Da g'frett ich mich lieber allein! Oder ich bitt halt auch da die Sali, wenn's gar nicht mehr geht. Vielleicht schickt sie mir die Kinder herunter."

Als dann der Tag des Abschieds gekommen war, standen sie einander hilflos gegenüber. "Schau auf dich!" sagte die Rosi und meinte, er würde nun gehen. Doch da machte der Ludwig einen zaghaften Versuch, die Arme um sie zu legen. Als sie ihn so nahe spürte, nach so langer Zeit, war er nicht mehr die sieghafte Erfüllung ihrer jungen Liebe, und auch nicht mehr der Mann der gleichgültigen Nächte und der ehelichen Pflicht. Sie spürte ein Zittern in ihm, das ihr Hoffnung gab, jetzt, da er ging, und sie drückte schutzsuchend ihren dicken Leib an ihn, legte ihr Gesicht an seine Brust, wie vor Ewigkeiten, und weinte. ...

Die Sali war eine große, hagere Frau mit der Kraft eines Mannes und dem Herzen einer guten Mutter! Seit sie vor zehn Jahren Witwe geworden war, bewirtschaftete sie das Nachbarhäusl allein. Sie hatte fünf Kinder, die bereits aus dem Gröbsten heraußen waren. Alle Leute im Dorf schätzten sie. Man holte sie als 'Wehmutter', denn bis in die nächste Ortschaft, wo es seit kurzer Zeit eine richtige Hebamme gab, war es viel zu weit. Mußte irgendwo ein Brunnen gegraben werden, ging sie mit der Wünschelrute, und sie irrte sich nie. Sie konnte den Leuten sogar ganz genau sagen, wie tief das Wasser lag. Im Winter, wenn es draußen für sie nur wenig zu tun gab, war sie gesucht als Näherin.

Nun war es Ende Oktober. Ein klarer Herbsttag, wie so oft im Mühlviertel um diese Zeit, mit einer Sicht bis hinein in die Berge. Über Linz wallte ein graues Nebelmeer. Die Sali war beim Strudelziehen, während sie ihren Gedanken nachhing. Auf der Eckbank saß schon eine ganze Weile das Maridei und bewegte sich nicht. Die Sali hatte ihr gezuckerte Apfelstücke und einige Rosinen hingelegt, aber sie rührte nichts an. "Magst' heute nichts? Sonst schmeckt's dir doch immer!" Das Kind schaute sie nur unverwandt mit großen Augen an. Auf einmal erschrak die Frau: "Hat dich leicht die Mami zu mir g'schickt?" "Sie rehrt so viel!" sagte das Kind. Da ließ die Sali alles liegen und stehen. Warum hab' ich denn nicht gleich daran gedacht, schalt sie sich.

Es war ein gutes Stück Weg bis hinunter zum Binderhäusl. Sie eilte sich, so gut sie konnte.
Das Kind blieb verschreckt und ratlos weit hinter ihr zurück.
Der Rosi ging es sehr schlecht und sie war sehr erleichtert, als ihr die Nachbarn endlich zuhilfe kam. Es

dauerte noch zwei volle Sstunden, dann brachte sie einen Buben zur Welt, den sie Ludwig taufen ließ. ...

Und auf den Tag genau, zwei Monate später, bekam sie die Nachricht, daß ihr Mann in Italien umgekommen war. Nicht in einer Schlacht war er gefallen, sondern er war gestorben, an der Ruhr, durch verseuchtes Wasser. Da saß sie nun in der Stube und starrte Stunde um Stunde mit trockenen Augen vor sich hin. Die Sali hatte Angst, die Rosi würde den Verstand verlieren. Sie brachte ihr Essen, versorgte das Vieh, nahm die Kinder mit. Doch die Schwägerin wußte nichts Besseres zu tun, als überall herumzuschreien, da sähe man es wieder, was das für eine sei, keine Träne weine sie um den Ludwig, diese undankbare Person!

Nach gut einem Jahr bewarb sich der Schorsch um die Rosi. Er war ein ungeschlachter Kerl, Holzknecht in einem herrschaftlichen Revier. Wegen einer Augen-verletzung, die er bei einer Messerstecherei davonge-tragen hatte, war er nicht kriegstauglich. Als die Nach-barin von dieser Sache erfuhr, lief sie hinunter zur Rosi und beschwor sie, lieber allein zu bleiben, als sich auf diesen Raufbold einzulassen. "Dem geht es doch nur um dein Häusl, nicht um dich! Der ist doch ärger als der leibhaftige Teufel! Tu's nicht", bat sie. Doch die Rosi tat es trotzdem. Gleichgültig und bewegungslos, so, als wäre es ihr gerade recht, ins Verderben zu rennen, gab sie dem Schorsch ihr Jawort. Mehr hatte er nicht erwartet. Alles andere nahm er sich selber. Er nahm es selbstverständlich und grausam. Wenn er aus dem Wald heimkam, versteckten sich die Kinder, so gut es ging. Der Ludwig hatte besonders zu leiden. Er war noch so klein und dem gewalttätigen Mann hilflos ausgeliefert. Wenn die Rosi ihn beschützte, bekam sie Prügel wie er. Aber sie bekam auch sonst ihre Prügel. Der Schorsch war nie um einen Anlaß verlegen. Doch kein einziges Mal schrie oder bat sie, so sehr er auch über sie herfiel. Das brachte den Mann vollends zur Raserei.

Wenn sie bei der Heuernte oben auf der Fuhre stand und er ihr mit der Gabel das Heu hinaufgab, schrie und fluchte er unentwegt, daß man ihn hörte bis hinauf zum Nachbarn: "Du Mistvieh, du dreckige Hure, mit der nächsten Gabel voll steche ich dich ab!"

Wenn die Leute irgendwo zusammenkamen, wurde über das Elend im Binderhäusl geredet. Das hätte sie doch wissen müssen! Sie hat es nicht anders gewollt! Da hat sie sich was Schönes eingebrockt!

Die Schwägerin triumphierte: "Das ist die Gerechtigkeit Gottes! Genau das hat sie verdient, die eitle Gans!" "So ein saudummes Gered", erboste sich die Sali. "Die Rosi hat so ein schweres Gemüt! Wie soll einer wissen, was in ihr vorgeht. Sie ist so seltsam." Als das Maridei eines Tages heraufkam, um die Nachbarin zu holen, weil es bei der Mutter wieder einmal so

weit war, hatte die Rosi einen über und über blauge-
schlagenen Rücken. Damals war es noch nicht üblich,
daß man so etwas anzeigte. "Kannst denn überhaupt
drauf liegen", frage die Sali mitleidig, doch die Rosi
blieb stumm. Während der Wehen biß sie sich auf die
Lippen, daß ihr kein Laut entkam. Diesmal gebar sie
wieder einen Buben und nach einem Jahr noch einen.

Als der Ludwig eingeschult werden sollte, konnte er
kein einziges Wort reden. Er stammelte nur immer äh,
äh, äh, und dies, obwohl der Schorsch seit Jahren schrie
und tobte, er werde das Reden schon noch in ihn
hineindreschen, und wenn er ihm dabei den Stur-
schädel einschlagen müsse. Geschlagen hat er ihn ja
genug, aber geholfen hat es nicht.

Erst später, als er von zuhause fort war, hat der Ludwig
dann wirklich reden gelernt und es ist sogar ein tüchtiger Mensch aus ihm geworden.

Das Maridei war als Schülerin gefürchtet. "Die stiehlt!"
sagten die Kinder. Bei dem einen verschwand die
Jause, bei dem anderen das Handarbeitsgarn. Obwohl
die Kinder behaupteten, daß es das Maridei war, konnte der Lehrer nie etwas bei ihr finden. Eines Tages legte
die Milli vom Fleischhauer die neuen Fäustlinge, die
sie vom Christkindl bekommen hatte, auf die Schul-
bank, während sie den Mantel anzog. Als sie die
Fäustlinge nehmen wollte, waren sie weg und das

Maridei ging gerade zur Tür hinaus. Sie schwor, sie hätte die Fäustlinge nicht gesehen, aber es sah sie auch sonst keiner mehr.

Als die Nachbarin in den Faschingstagen eine Schüssel voll Krapfen auf den Tisch stellte, weil sie einige Verwandte erwartete, schaute eben das Maridei zum Fenster herein. Vielleicht hatte der Duft sie angezogen im Vorbeigehen. Doch als die Sali ihr einen Krapfen geben wollte, war nichts mehr von ihr zu sehen. Aber später, als sie ihre Gäste an den Tisch bat, war die ganze Schüssel leer.

Schon während des letzten Schuljahres wurde das Maridei 'Kindsmensch' in einem großen Bauernhaus. Dann wurde sie kleine Dirn und später anderswo große Dirn. Bald drehten sich alle Burschen nach ihr um, denn sie hatte die strahlenden Augen der Mutter und auch deren volles, dunkles Haar, doch vom Vater hatte sie den hohen, schlanken Wuchs. So kam es, daß sich der Sohn des größten Bauern in sie verliebte und keine andere wollte als sie. Das war natürlich ein Skandal! Doch er scherte sich nicht um das Gerede und machte sie zu seiner Frau. Später sagten die Leute, er hätte seine Wahl niemals bereut, denn es habe weitum keine schönere, tüchtigere und achtbarere Bäuerin gegeben als sie.

Auch die anderen Kinder mußten sehr bald aus dem Haus, um selber ihr Brot zu verdienen. Heim kamen sie selten, denn überall hatten sie es besser als hier.

So wurde es ruhiger im Binderhäusl. Nur die zwei Jüngsten, die Kinder vom Schorsch waren noch da. Obwohl er zu seinen eigenen Kindern nie so grob war, wie zu den anderen, waren sie doch nie sicher vor seinen Wutausbrüchen und seinen Schlägen, die manchmal auf sie hereinbrachen wie aus heiterem Himmel. Dann ging er auch auf die Mutter los und die Kinder hatten jedesmal Angst, er würde sie erschlagen.

Im Neunundzwanzigerjahr, am 25. September, zog so ein schweres Unwetter herauf, daß sich sogar die ganz Alten an keines erinnern konnten, das je so arg gewesen wäre. Der Himmel färbte sich schwarz, als sei der Jüngste Tag angebrochen. Dann kam plötzlich der Sturm. Er riß Dächer los, zerbrach Bäume, als wären sie Spielzeug und das Wasser stürzte vom Himmel wie aus Schaffeln, daß innerhalb kürzester Zeit alle Bäche anschwollen und übergingen und die tiefer gelegenen Wiesen zu Seen füllten. Das Wasser überflutete Keller und Brücken und in manchen Ställen stand das Vieh im Wasser.

Gerade während dieser Zeit torkelte der Schorsch sternhagelvoll den Feldweg herauf. Der Alkohol und der Sturm machten ihm das Weiterkommen schwer. Er war so betrunken, daß er gar nicht begriff, was los war. Dann kam das Wasser, riß ihm die Füße aus und nahm ihn mit. Ob er noch Zeit hatte zu fluchen, weiß keiner zu sagen. Er wurde erst nach drei Tagen gefunden, als das Wasser zurückging und da lag er ersoffen mitten auf einer Wiese. Als die Sali davon erfuhr, zündete sie eine Kerze an und sagte: "So ein Unwetter hat der Herrgott gebraucht, um die Binderin von diesem Lumpen zu erlösen."

Nun kamen für die Rosi noch einige schönere Jahre. Die Kinder kamen wieder öfter heim, um sie zu besuchen. Es gab Hochzeiten und Taufen.

Als ihre zweite Tochter, die Nani an's Heiraten dachte, fiel ihr das Brautkranzl der Mutter ein. "Darf ich es tragen?", fragte sie, "zum Andenken an deine Hochzeit mit dem Vater." Da kniete die Rosi nieder, um das Kranzl hervorzuholen, aus dem verborgensten Winkel der untersten Lade. Sie nahm es liebevoll in die Hand und strich mit den Fingern darüber. Dann legte sie es ihrer Tochter auf's Haar und weinte zum erstenmal wieder nach achtzehn Jahren.

Der "Ortner - Weber"

Ein Anfang

Die Nani wäre eigentlich gerne Müllerin geworden. Sie war auch ganz sicher, daß sich der Müller Pepi über sie Gedanken machte. Sie hatte es gespürt an seinem Gruß, schon seit einiger Zeit. ... Und der Huber Karl hatte ein Techtlmechtl mit der jungen Lehrerin. Ganz heimlich, natürlich, aber jeder wußte es.

Jedoch am Sonntag, nach der Mess', gingen der Vater von der Nani und der Vater vom Huber Karl miteinander ins Wirtshaus. Sie redeten dieses und jenes, über Felder und Vieh, und wurden sich einig, daß der Karl und die Nani gut zusammenpassen würden. Wegen der Schulfräuln, na ja, hatte sich der Karl halt die Hörner abgestoßen. Das konnte doch nur gut sein! Bei einem Krügl Bier wurden sie handelseinig. Und so kam Wald zu Wald und Feld zu Feld und Geld zu Geld und was Gott verbunden hat, darf der Mensch nicht trennen.

Im schönen Monat Mai des Jahres 1896 läuteten die Hochzeitsglocken. Die Nani wurde nicht Müllerin, wie sie heimlich gehofft hatte, sondern Huberin.
Wenn sie in ihrem Sonntagsstaat zur Kirche ging, schauten ihr die Leute nach. Eine fesche, junge Bäuerin war sie! Es war eine Freude, sie anzuschauen. Doch der Karl teilte diese Freude nicht. In seinen Augen war sie langnasert und breithüftig. Die Lehrerin war etwas Besseres gewesen. Aber für die eheliche Pflicht reichte

ihm die Nani gerade, und neben der Pflicht nahm sich ein Mannsbild wenigstens ab und zu ja auch die Freude. ... Als die Nani nach einigen Monaten schwanger wurde, und sich ihr Bauch zu wölben begann, sah der Karl darin den Hoferben heranwachsen. So hatte die Sache für ihn ihre Ordnung.

Nachdem er alles so gut gerichtet sah, starb der alte Bauer an einem Schlaganfall.

Sehr jung war die Nani, und sehr allein, doch sie war es nicht gewohnt zu klagen, und zu wem hätte sie gehen sollen? Sie hatte ja eine gute Partie gemacht! Wenn der Karl am Abend wegritt, wußte sie, wohin es ihn zog, obwohl er sagte, er treffe sich mit einigen Bauern im Wirtshaus zum Kartenspiel.

Die Zeit ging hin, und das Kind in ihrem Leib wurde groß und schwer. Nach der langen Tagesarbeit waren ihre Füße geschwollen und ihr Kreuz schmerzte. Sie sehnte das Ende der Schwangerschaft herbei. ...

Während der Heuernte, eine Woche vor der Zeit, es war so schwül, als hätte der Tag vergessen zu atmen, setzten die Wehen ein.

Nicht jetzt, erschrak die Nani, nicht jetzt! Einige Fuhren mußten noch herein. Der Himmel zeigte kein gutes Wetter. ... Aber die Wehen wurden immer heftiger. Der immer wieder aufsteigende Schmerz klebte ihr das Gewand schweißnaß an den Körper. Immer öfter mußte sie mit der Arbeit aussetzen und sich an den Rechen klammern, weil sie einen Halt brauchte.

Eine ganze Weile schon hatte die große Dirn es beobachtet und sagte: "Bäuerin, euch ist nicht gut! Ihr müßt ins Haus! Ihr braucht die Hebamm'!" Doch die Nani konnte ihr nicht einmal antworten, weil schon wieder eine Wehe da war und ihr den Atem nahm. Auch der Karl hatte es gesehen, aber er hatte gehofft, sie würde noch ein wenig aushalten, und er müßte keinen wegschicken von der Arbeit, jetzt, wo das Heu so schön trocken war. Doch nun gebot er der kleinen Dirn, die Bäuerin ins Haus zu bringen, und schnell um die Hebamm' zu rennen. Er selber käme gleich nach, mit der nächsten Fuhre.

Längst war die Tagesarbeit getan. Stunde um Stunde verrann. Die Nani stöhnte unter der Qual der Wehen, doch das Kind kam nicht. Die Dienstleute hatten sich zurückgezogen, doch an Schlaf dachte keiner. ... Sie sahen den Bauern das Pferd satteln und in höchster Eile in den Markt reiten. Er kam zurück mit dem Doktor. "Jetzt wird's ja doch werden", hoffte die große Dirn. Die kleine Dirn flennte, weil das Stöhnen und Aufschreien, das schon so viele Stunden währte, ihr so viel Angst machte. "Er wird die Zange nehmen", tröstete die große Dirn, "dann wird er das Kind schon zu fassen kriegen." ... Bange horchten und hofften sie, während die Zeit dahin tropfte.

Keiner rührte sich vom Fleck, auch die Knechte nicht.

Der Roßknecht war bekannt für sein loses Maul, doch jetzt saß er stumm. Jeder mochte die junge Bäuerin. Schließlich wurde es der kleinen Dirn zu viel. "Beten wir", bat sie verzagt. Die große Dirn nickte zustimmend, wie erlöst, und der große Knecht begann: "Herr, erbarme dich ihrer" ...

Der Karl saß allein in der Stube. Gedanken, die er nicht wollte, überfielen ihn wie eine Heimsuchung. Er sah die Nani stehen, mit gefalteten Händern über dem schwangeren Leib, zu Mittag noch. Er sah sie, mit dem großen Brotlaib in den Händen, sah, wie sie das Kreuzzeichen darüber machte, ehe sie ihm und den Dienstleuten davon reichte. Er sah sie stehen, am Herd, im Hof, im Stall, ... Ihre Augen, die jeden mit ruhiger Würde anschauten! Keinen Gedanken hatte er für sie verschwendet. Doch nun trafen sie ihn, verfolgten ihn. Siedendheiße Scham übergoß ihn! - während die Dienstleute beteten: "Chistus erbarme dich ihrer!" ...
Ein Kind gebären ist Weibersache, hieß es. Und im Kindbett sterben war Weiberschicksal. Es traf so viele. So ein Unglück! wurde dann gejammert. So jung war sie noch! Kaum war aber eine unter der Erde, wurde schon geredet und getuschelt, welche wohl als nächste an's Heiraten käme. Doch es war etwas Anderes, davon zu hören, davon zu wissen, als hier zu sitzen, untätig zu warten, es geschehen zu lassen, keinen Beistand zu leisten, ... weil ein Mannsbild dabei nichts zu suchen hatte.

"Heilige Maria! Bitte für sie!" beteten Knechte und Mägde.

Als hätte ihn einer gestoßen, durchfuhr es den Karl, daß er die Nani verlieren würde! ... wo er ihr doch so viel abzubitten hatte. Entschlossen erhob er sich, schob die Hebamme beiseite, die ihn erschrocken zurückweisen wollte, und trat in die Kammer. Er sah die keuchende Frau, sah ihr Gesicht, von Angst und Todesnot gezeichnet. Auch die Zange half nichts. Jeder Versuch des Arztes, das Kind zu fassen, war gescheitert. "Sie ist schon zu schwach", sagte er so leise, daß es die Nani nicht hören sollte. "Ihr Herz schafft es nicht mehr! Sie ist am Ende!"

Da griff der Karl zu. Er drückte mit beiden Händen so fest an den gespannten Bauch, wie er es nur vermochte. Er nützte jede aufsteigende Wehe, um seine Kraft einzusetzen, wo die Kraft der Frau versagte. Er drückte ihre Knie bis an die Schultern, um den Geburtsweg zu verkürzen. Grob packte er zu! Aber die Nani spürte, daß er ihr half mit jedem Griff. Da kehrte das Leben wieder in sie zurück. Der Karl preßte das Kind gegen den Ausgang und ließ es nicht mehr zurückgleiten. Nun endlich bekam es der Doktor mit der Zange zu fassen, um es aus dem Leib der Mutter zu befreien. Die Nani tat einen erlösten Seufzer. Das Kind war da! Ein kräftiger Bub! Ziemlich mitgenommen durch die schwere Geburt, aber, Gott sei Dank, gesund!

Die Dienstleute hörten seinen ersten Schrei, schauten einander an, konnten nicht weiterbeten. Die kleine Dirn fiel der großen Dirn erleichtert um den Hals. ... Als erster besann sich der große Knecht: "Ehre sei dem Vater und dem Sohn und dem Heiligen Geist", sagte er, und die anderen antworteten: "Amen."

Der Karl nahm das Kind behutsam in seine Hände, hob es der Nani hin und sagte: "Vergelt's Gott!"

Später einmal meinte die große Dirn zur kleinen Dirn: "In dieser Nacht ist unser Bauer ein Mann geworden!" Doch die kleine Dirn, die eben noch ein recht junges, unverständiges Ding war, meinte, er wäre auch vorher schon einer gewesen.

Die "Steinhauerin" vom Stern

Wie Philemon und Baucis

Philemon und Baucis

"Setz dich ein wenig her zu uns", sagte der Mann. Zwei alte Leute versorgen ganz allein eine Bauernwirtschaft mit einigen Joch Grund, in einem verborgenen Winkel des Mühlviertels.

"Halte ich euch denn nicht bei der Arbeit auf?" "Wir haben gerade das letzte Heu hereingebracht. Vor der Stallarbeit bleibt uns grad ein 'Neichtl' (Weile) Zeit zum Rasten." Wir sitzen auf der Hausbank. Die Frau bringt einen Krug Most. Ich war einen Wiesenweg entlang gegangen, vor mir die weite, hügelige Landschaft, war dann ein Stück durch den Wald gegangen, und wo er sich lichtet, auf dieses Bauernhaus gestoßen. Keine Zufahrtsstraße! Nur dieser Weg. ... Ein Hund schlug an, verbellte mich, wollte mir den Zutritt verwehren. Der alte Mann beruhigte ihn. Und nun sitzen wir beisammen und trinken Most. "Zu uns kommt nicht oft wer her", sagt die Frau. Sie freut sich über die Abwechslung, das spüre ich. Die beiden Leute gefallen mir. Der Mann ist sehr klein, sein Gesicht ist wie gegerbt durch die Arbeit in der rauhen Luft. Bei uns kann halt der "böhmische Wind" recht an! Sein Haar ist schütter und fast weiß. ...Was macht diesen Menschen eigentlich so anziehend? Die Augen sind es, denke ich. Ein verschmitzter Bauernhumor hat um seine Augen, aber auch um seinen Mund, lustige Spuren gegraben. Daneben liegen auch einige Linien von Sorgen, doch ich entdecke keinerlei Gramfalten in diesem Gesicht.

Die Frau ist größer als der Mann. Sie wirkt eher robust, aber keinesfalls derb. Die beiden sind ganz verschieden, aber doch einander ähnlich. Wodurch?

Sie haben keine Kinder. Die Frau hat erst nach dem Tod ihrer Eltern das Haus übernommen. Da war sie aber längst nicht mehr die Jüngste. Der Mann hat hergeheiratet. Wie lange ist das her? Wie habt ihr euch denn kennengelernt?

Es macht den beiden Freude, in der Erinnerung zu kramen, längst Vergangenes hervorzuholen, auszubreiten, zu betrachten.

Der Mann hatte wenig zu lachen, als er noch ein Kind war. Eigentlich gar nichts. Sein Vater hat Holzschuhe und Schaffeln gemacht, auch Körbe und Schwingen hat er geflochten. Eines Tages hat er sich ins Bett gelegt und ist nicht mehr aufgestanden. Er ist gestorben, als der Mann noch ein kleiner Bub war. Und da waren noch zwei kleinere Brüder da. Die Mutter war gut, aber sie hatte ein Hüftleiden, schon von kindauf, so was ist früher nicht behandelt worden. Oft hat sie Schmerzen gehabt. Schwere Arbeit hat sie nicht tun können, und hat nicht gewußt, wie sie ohne Mann die Kinder durchbringen soll. So ist er, als der Ältere, schon sehr früh, noch während seiner Schulzeit, zu einem Bauern gekommen, um nur für das Essen dort zu arbeiten. Die Mutter hat geweint, als sie ihn fortschicken mußte.

"O mei", sagt er, "das war hart. Heraus aus dem Bett! Ausmisten! Schau net so lang! Wannst was zum Essen möchst, muaßt dir's verdienen!"

Einmal, als er den nassen Mist hinausfahren mußte auf den Misthaufen - die Scheibtruhe war so schwer, und es war ihm so elend, ganz schwarz vor den Augen - da hat er sich hingesetzt auf das dreckige Brett, das von der Stalltür zum Misthaufen gelegt war und hat geflennt: "Muata, Muata, Muata!"... Da ist der Bauer gekommen und hat gesagt, er werde ihm gleich 'Füße machen', vom 'Trenzen' (weinen) geschehe die Arbeit nicht. Der große Knecht, das war einer zum Fürchten, der hat ihm einmal den Stiel von der Mistgabel zwischen die Beine geschoben, daß es ihn hingehaut hat auf der Stallbruck, mitten hinein, in die 'ganze Suppen'. "Nächstes Mal machst' die Augen besser auf, du Tölpel", hat der Bauer gelacht und alle haben mitgelacht.

Hinaus auf die Wiese! ... Erdäpfel 'rodern'! ... Holz 'wirten'! ... Mit der Schul' wird's heut' nix! Heut' gehst' mit auf's Feld! Und immer Hunger. Da ist aus einer gemeinsamen, großen Schüssel gegessen worden, die in der Mitte auf dem Tisch gestanden ist, und dem großen Knecht, diesem Teufel, hat es Spaß gemacht, ihn immer an den Löffel zu stoßen, sodaß er die Suppe verschüttet hat. Wenn's einen Kirschenstrudel gegeben hat, haben die Knechte so viel 'hinein g'haut', haben keinen einzigen Kern ausgespuckt, daß sie nur ja genug erwischt haben. Und ihm ist fast gar nichts geblieben.

Als er fünfzehn Jahre alt war, kam er zu einem anderen Bauern, in einem Dorf, nahe an der tschechischen Grenze. "Damals habe ich genau 34 Kilo gehabt", sagt der Mann. "Jetzt verstehst', warum ich so a kloans, notigs (schmächtiges) Mandl blieb'n bin!"

Bei diesem Bauern habe er sich das erste Mal seit Jahren satt essen können. Dort hat er erlebt, daß es anders auch geht. "Dort sind wir nicht geschunden worden. Dort waren's liab zu mir! I hab ma denkt, dös is ja wie im Himmel."

In diesem Hof war er viele Jahre Knecht, bis er eingezogen wurde zum Militär. ... Die Frau holt ein eingerahmtes Foto aus der Stube, das ihn als Soldat zeigt. So ein kleiner Soldat! Ich denke, das Gewehr müßte länger gewesen sein, als der ganze Mann.

Nach dem Krieg war er wieder ein Bauernknecht, und hat gedacht, die Hauptsach', es ist ein guter Platz, er würde ein Knecht bleiben, so lange er es aushalte. Aber da ist eine Karte gekommen von der Resi ...! "Sie haben ihm geschrieben?" staune ich. "Das finde ich großartig! Wie ist es denn dazu gekommen?" "Na ja", sagt sie, "ich hab' ja schon einige Zeit nach 'einem' gesucht. Ganz allein wirtschaften ist ja gar nichts. Ich habe auf der Gemeinde zu tun gehabt, und er auch, da hab' ich ihn mir ang'schaut. Er hat aber auch ein wenig her-g'schaut auf mich. Und da hab' ich mir halt denkt ...! Er hätt' ja mir nicht schreiben dürfen, wo doch ich das Haus g'habt hab'." "Da wären ja mehrere 'dran' gewesen", meint der Mann, und in seiner Stimme liegt ein Anflug von Stolz. "Ja, ja", sagt die Frau, "das stimmt schon, aber 'er' ist der 'Richtige' gewesen, das hab ich gespürt. ... Und seither helfen wir halt zusammen, bei allem, was daherkommt."

Nun begreife ich, warum sich in diesen beiden verwit-terten, alten Gesichtern keine Gramfalten finden. "Aber ihr habt keine Kinder", suche ich weiter. Die Frau zuckt die Achseln: "Ist nichts mehr geworden!" "Und was wird aus eurem Haus?" "So lange wir noch leben, und halbwegs können, wollen wir es miteinander bewirtschaften. Weißt', wir sind zach (zäh)! Eine Weile werden wir es schon noch 'dermachen'. Nachher wird 'es in die Fremde' gehen." Das sagt der alte Mann ganz ruhig. Es entsteht eine lange Pause.

"Wär' halt gut", sagt die Frau dann, und ich spüre ein tiefes Einverständnis zwischen den beiden, "wenn nicht ein's allein ... Was soll denn ein's allein, wenn das andere nicht mehr da ist."
"Dank euch schön!" sage ich beim Abschied, und ich meine nicht den Most.

Bis zur Neige

Die Maridl war klein, aber kräftig. Durch die schwere
Arbeit seit früher Kindheit hatte sie kaum Gelegenheit
gehabt, in die Länge zu wachsen. Aber sie war trotzdem kein übles Dirndl. Ihr Elternhaus war ein großer
Hof in einem Dorf im Mühlviertel. Der Stall war voller
Vieh und die Stube voller Kinder. Es gab kaum ein
Jahr, in dem die Mutter kein Kind zur Welt brachte. Als
die Maridl vier Brüder hatte, wurde der Vater von
einem Baum erschlagen, draußen im Wald. Der große
Hof bekam einen neuen Bauern und es wurden weitere
Kinder geboren, drei Mädchen und drei Buben. Doch
als die Mutter wieder ins Kindbett kam, starb sie und
nahm auch das Kleine mit. Das war im Jahr 1897, die
Maridl war damals nicht älter als fünfzehn Jahre.

Seit sie denken konnte, hatte sie gelernt, neben Knecht
und Magd Pflichten zu übernehmen, zuzupacken, wo
sie gebraucht wurde, müde ins Bett zu gehen und früh
aufzustehen. Nun war der große Hof ohne Bäuerin, elf
Kinder ohne Mutter. Aber die Maridl war ja da! Daß sie
selbst noch ein Kind war, wäre ihr kaum in den Sinn
gekommen.

Eines Tages, als der Bauer mit den Dienstleuten und
den größeren Kindern auf dem Feld war bei der Ernte,
kam der Gendarm vorbei. Die Maridl stand gerade im
Gartl vor dem Haus, um Grünzeug zu holen für die

Suppe. Der Gendarm blieb stehen auf einen Plausch. Er hatte viel Zeit, er war jung, fesch und lustig. Die Maridl gefiel ihm. Von nun an wußte er es so einzurichten, daß er des öfteren vorbei kam, wenn er die Leute auf den Feldern wußte und er sicher sein konnte, daß nur die Maridl da war mit den kleinen Geschwistern. Freilich hatte sie die Hände voll zu tun, aber wenn er kam, legte sie die Arbeit weg. Er hatte etwas Neues in ihr Leben gebracht, etwas Gefährliches, Verbotenes: Sie lernte Träume kennen und Sehnsucht. Sie entdeckte den Wunsch nach Zärtlichkeit, das Bedürfnis, in die Arme genommen zu werden.

Bald waren ihre Tage nur noch ein Warten auf den Mann, der in seinem Leichtsinn ihr Vertrauen annahm, wie den Speck, den sie ihm zur Jause vorsetzte.

Als sie begriff, daß sie schwanger war, sagte sie es ihm voller Bangigkeit. Da war der Bursch wie vom Schlag gerührt, den er doch nicht verdient hatte! Es gab da nämlich noch ein anderes Mädchen, Tochter eines angesehenen, reichen Gastwirts im nahen Marktflecken, die Mali. Diese hatte er auch geschwängert, zur gleichen Zeit, und mußte sie heiraten, ob er wollte oder nicht, klagte er der Maridl, denn alle Leute im Markt wußten, daß er zur Mali "gegangen" war. Ein lediges Kind durfte er dieser Familie nicht antun! Wenn ihn die Maridl wirklich lieb habe, müsse sie das verstehen. ... O ja, die Maridl verstand. Sie hatte nicht umsonst gelernt, zurück zu stehen, selbst keine Bedürfnisse zu haben. Doch über ihren Körper jagten Hitze und Frost, wie im Fieber. Er zog sie an sich und versprach ihr, sie nicht im Stich zu lassen. Gleich morgen würde er wiederkommen, um ihr zu helfen. Sie müsse nur ganz genau tun, was er ihr sage, und sie könne ganz sicher sein, daß sie kein Kind bekäme. Es wäre gescheit von ihr gewesen, es ihm gleich gesagt zu haben.

Am nächsten Tag brachte er ihr eine Flasche Wein, "mit noch was drin", wie er sagte. Sie müsse jeden Tag einen kräftigen Schluck daraus trinken, auch wenn das Zeug nicht so gut schmecke. Sie dürfe nicht daran zweifeln, daß er es gut mit ihr meine.

Nun stand die Flasche in ihrer Kammer, aber sie trank nicht daraus. Jeden Tag nahm sie sich vor zu trinken, doch dann verschob sie es immer auf den nächsten. Wenn sie im Bett lag, allein in der Dunkelheit, spürte sie die Gegenwart der Flasche und sie machte ihr Angst. Immer noch war die Flasche voll und hätte schon längst leer sein sollen!

Wenn er vorbei käme, morgen vielleicht, hoffte sie, und sie mußte ihm sagen, daß sie noch nichts getrunken habe, würde er sie sicher schelten. ... Aber er könnte doch sagen: "Komm, Maridl, trink!" und selber auch einen Schluck nehmen, dann wär's gleich leichter.

Aber er kam nicht mehr.

Und in der Kammer stand die Flasche.

Da erfuhr sie, daß im Marktflecken eine große Hochzeit gerichtet werde. Ist auch höchste Zeit, meinten die
Leute, sonst passe die Braut nicht mehr ins G'wand!

Die Maridl stand in ihrer Kammer. Mit beiden Händen
griff sie an ihren Bauch, den sie versteckt hielt hinter
einem weiten Kittel und einer derben Schürze. Sie
wußte nicht mehr ein und aus. Die Braut paßte nicht
mehr ins G'wand! Nun endlich nahm sie die Flasche
und der bittere Inhalt vermengte sich mit der Bitternis
ihrer Verzweiflung. Sie trank die Flasche leer, bis zum
letzten Tropfen.

Der Schmerz kam zögernd, als prüfe er sein Opfer,
doch dann schlug er zu mit gnadenloser Grausamkeit
und wühlte sich durch den geschundenen Lcib, Stunde
um Stunde.

Als am nächsten Tag - es war ein wunderschöner
Sonntagnachmittag - die Hanslin den Dorfweg hinauf-
ging, sie war unterwegs zu einer 'Roggaroas', kam sie
am Elternhaus der Maridl vorbei. Am Steingrander,
gleich neben dem breiten Tor, stand der kleine Hiasl
und schwemmte ein Leintuch. Als er es hochhob aus
dem Wasser, sah die Hanslin, daß es rot war, voller
Blut. Erschrocken fragte sie den Hiasl, was denn passiert sei. "A Blödsinn!" antwortete der Bub. Mehr
sagte er nicht.

Es wollte der Hanslin nicht in den Kopf, was da geschehen sein konnte. Sie dachte an die Mägde. War einer die Plagerei zu viel geworden, während sie ihre Tage hatte? Sie schob den Hiasl resolut zur Seite. So blutiges Bettzeug zu waschen, das war doch nichts für so einen kleinen Buben. Wo war denn die Maridl? War denn gar niemand da? Wortlos verschwand der Bub im Haus und brachte ihr noch einen Arm voll blutiger Tücher. Als die Frau eines auseinander nahm, fiel das Kind heraus, tot, etwa am Ende des sechsten Monats.

Während sie mit zitternden Knien dastand, keines Wortes fähig, hörte sie einen Wagen kommen. Es war der Bauer, der mit dem Doktor ankam. Sie wickelte die Leibesbrucht in ein gewaschenes Tuch und verließ den Hof.

Aus der Roggaroas, auf die sie sich so gefreut hatte, wurde an diesem Tag nichts mehr.

Als die Maridl nach vielen Tagen der Krankheit wieder aufstand von ihrem Bett, hatte sich ihre Seele in einen Winkel verkrochen wie ein angeschlagenes Tier. Ihr müder Körper mußte wieder lernen zu gehorchen, denn es war viel Arbeit liegen geblieben.

Der Arzt hatte natürlich Anzeige erstatten müssen, weil das seine Pflicht war. Wie es dem Gendarm vor Gericht ergangen ist, weiß ich nicht zu sagen. Die

Maridl fand einen gütigen, mitleidigen Richter. Aber die Sache kam leider auch unter die Leute ...

Tagein, tagaus, von früh bis spät arbeitete die Maridl in Haus und Hof. Was sie recht hart ankam, tat sie willig, als Sühne für ihre Schuld. Wenn ein Nachbar oder ein Gast auf den Hof kam, um mit dem Bauern zu reden, hatte sie in der Stube nichts zu suchen. So begann sie, sich scheu zurückzuziehen von allen Menschen und sie ertrug das Alleinsein wie das Kommen und Gehen der Jahre ihrer Jugend ohne Jammern. Sie würde am Haus bleiben, denn keiner konnte sich die Schande antun, eine wie sie zu heiraten.

Dann kamen vier Jahre Krieg mit Leid und Tod. Jeder hatte zu tun mit seiner eigenen Not. Was mit der Maridl geschehen war, war schon so lange her. ...Nur sie selber trug noch immer so schwer daran. Als sie schon eine mittlere Dreißigerin war, eine 'Übergebliebene', kam doch noch einer und warb um sie: Der 'Einschichtler', kein großer Bauer, eher ein armer Schlucker. Seine Felder waren steinig, abschüssige Hänge, die hinein- gingen in den Haselgraben. Eine Schinderei, sie zu bewirtschaften. Er brauche eine Tüchtige für die Ar- beit, sagte er zur Maridl, eine die fest zupacken könne, und die Kinder seien halt auch da ...

Als letztes habe seine Frau ein Dirndl zur Welt ge- bracht mit einem Wasserkopf, wie sie sicher noch keinen gesehen habe. Da hätte die Frau dranglauben müssen, und er sei nun auch noch gestraft mit diesem Kind. ... Nach dieser langen Rede war es still in der Stube, nur die Uhr tickte lauter als sonst,eine ganze Weile.

Unbeholfen, bittend legte der Mann seine Hand auf den Arm der Maridl. Als sie ihn fragend anschaute, verstand er sie und sagte: "Von dem, was gewesen ist, wollen wir nicht mehr reden, wenn du 'die Meine' werden willst!" Da spürte die Maridl, daß sie dem Einschichtler gut sein konnte. Sie gab ihm ihr Jawort, um das harte Leben mit ihm zu teilen und seinen Kindern eine treusorgende Mutter zu sein.

Das Lied vom braven Mann

Es war zur Zeit des Ersten Weltkrieges. Der Josef war Bauer, hatte eine ganze Schar Kinder, eine tüchtige Frau, die ihn schätzte und liebte, und er war Bürgermeister einer großen Gemeinde. Die ganze Familie mußte zusammenhelfen, daß die Arbeit in Stube und Stall, auf Feld und Wiese zur rechten Zeit und ordentlich geschah, denn der Vater hatte auch seine Amtsstunden einzuhalten. Damals war es noch nicht üblich, daß ein Bürgermeister für seine Arbeit bezahlt wurde. Es war eine Ehrensache, ein guter Bürgermeister zu sein. Vom Josef sagten die Leute, einen besseren könnten sie nicht haben. Er machte keine leeren Worte, um schön dazustehen. Wenn er was sagte, hatte es Hand und Fuß und es war Verlaß auf sein Wort. Und was noch dazu kam, Gerechtigkeit und Wahrheit saßen bei ihm nicht nur im Hirn, sondern auch im Herzen.

Weil er selber Sorgen hatte, mit der Ernte, mit dem Wetter, mit seinem Vieh und mit den vielen hungrigen Mäulern, die jeden Tag zu essen brauchten, verstand er auch die Sorgen der anderen, und das wußten sie.

Mit dem Krieg ging es immer schlechter. Längst glaubte keiner mehr an einen guten Ausgang. Kinder, Frauen und Mütter weinten, aus Angst und Sorge, weil einer, den sie liebten und brauchten, draußen war 'im Feld', vielleicht draußen bleiben würde, für Kaiser und

Vaterland. Viele, die ausgezogen waren, voller Übermut, geschmückt mit den bunten Buschen von der 'Musterung', lagen längst irgendwo in fremder Erde.

In der Stadt wurde es mit dem Essen immer schwieriger. Die Menschen hatten Hunger. Warum gibt es nichts mehr zu kaufen? fragten die Kinder. Braucht denn alles der Krieg?

So kam es, daß die Kinder aus den Dörfern des öfteren Butter, Eier, ein Stück Speck mitnahmen auf den weiten Schulweg, ganz zuunterst, versteckt in der Schultasche, um Verwandte und Bekannte in der Stadt damit zu versorgen. Sorgfältig waren die geheimen Schätze zugedeckt mit einem Tüchl, und wenn ein Gendarm des Weges kam, taten die Kinder, als hätten sie keine Angst.

Da kam es aber vor, daß einer sagte: "Mach deine Schultasche auf! Laß sehen! Aha! Wie heißt du denn? Wo kommst du her? Na warte! Das gibt eine Anzeige!" ... Alles war weg! Was wird die Mutter sagen? Wo tragt er's denn hin? Muß er's abliefern? "Selber ißt er's!" sagte der Hansl zornig.

Trotzdem wagten es die Leute aus den Dörfern immer wieder, zu schmuggeln. Sie hatten doch Kühe im Stall, Schweine, Hühner, Kartoffel und Kraut auf dem Feld und Bäume voller Obst. Wenn die Anni-Tant und der

Ernstl und der Karli Hunger hatten, weil sie in der Stadt kein Gartl hatten und keinen Stall, so konnte es doch nichts Schlechtes sein, wenn sie ihnen halfen.

Eines Tages kam eine Kommission aus der Stadt. Die Herren würden mit dem Bürgermeister von Haus zu Haus gehen, um zu kontrollieren, sagten sie, was in den Speisekammern, in den Selchkammern, in Keller und Truhe zu finden wäre an Unerlaubtem, denn jeder hatte vom Ertrag des Hofes nach Vorschrift abzugeben. Es scheine jedoch Leute zu geben, die sich um dieses Gesetz nicht kümmerten. Sabotage sei das, erklärten sie. Wie solle man da zum Sieg kommen?

War das ein Schrecken! Der Bürgermeister kannte in seiner Gemeinde jeden ehrlichen Kerl und jeden Schelm. Beim Michlbauern war erst vor drei Tagen 'schwarz' geschlachtet worden, hatte er erfahren. Jeder schaute, daß er rechtzeitig einiges auf die Seite bringen konnte. Es wußte doch keiner, wie schlecht die Zeiten noch werden würden. Jedes Haus hatte seine Heimlichkeiten.

So nannte der Bürgermeister die Herren seine verehrten Gäste, und sie durften es ihm nicht verwehren, wenn er sie auf eine bescheidene Mahlzeit einlade, zur Stärkung vor dem Rundgang durch die Dörfer. Die Frau setzte ihnen Speck und Butter vor zum frisch gebackenen Brot, und einen Krug kellerkühlen Most.

Ach, das schmeckte! Da fragte keiner, ob das erlaubt war. Und die vielen Kinder im Haus, staunten sie. So ein Segen! Aber wo liefen sie denn alle hin? Naja, hinaus eben! Sie haben doch in der Stube nichts zu suchen, wenn so hoher Besuch da ist.

Die Herren hatten Durst! Die Frau schenkte nach. Ein Gottesgeschenk, dieser Trunk, stellten sie fest. O ja! dachte der Josef. Denn inzwischen rannten seine Kinder von Haus zu Haus:
"Der Vater laßt euch sagen, ihr sollt's alles wegräumen! Er kommt mit einer Kommission."

Als die Herren gesättigt waren, und voll des Lobes für die gute Jause, brachen sie auf, um in den Höfen gründlich Nachschau zu halten, wie es ihre Pflicht war. Der Bürgermeister begleitete sie.

Da kamen die Leute herein vom Feld. Gerade noch hatten sie mit den Ochsen eine frische Furche gezogen durch den Acker und hofften, daß die Mäuse das Geselchte nicht gleich finden würden, das sie eben eingeackert hatten.
Anderswo hatten sie den Graben ausgeputzt, weil er so verlegt war! Der Zuckerhut lag dort gut eingeschlagen in die Joppe der Bäuerin. Eier und Butter konnten schon ein Weilchen draußen liegen. Sicher hätte der Graben beim nächsten Regen das Wasser nicht gefaßt, äußerten sie besorgt zu den Herren.

Beim Michlbauern war die große Scheitertristen umgefallen. Eben jetzt! "Eh so viel Arbeit", jammerte die Bäuerin. Der Josef nickte verständnisvoll, als ihn die Augen der Frau trafen.

Überall wurde die Kommission ins Haus gebeten, aber nichts Verbotenes war zu finden, rein gar nichts. Jeder hatte nur so viel, wie er haben durfte.

Während sie beim Michlbauern das Haus durchsuchten, ganz umsonst natürlich, wie überall, war der Hund in der 'Strahhütten' eingesperrt. Er winselte und bettelte, weil es von der Scheitertristen her so wunderbar roch, daß es kaum auszuhalten war. "Unser Hund ist so scharf", erklärte die Bäuerin den Herren. "Es wäre nicht auszudenken, wenn er ein Hosenbein erwischen würde!"

Aber wie war es nur möglich, daß die Gendarmen immer wieder etwas fanden, wenn sie die Schultaschen der Kinder 'filzten'? "Lauter Abgespartes vom Mund", sagte der Josef. "In meiner Gemeinde hat keiner zu viel."
Er sagte das mit gutem Gewissen, denn bei ihm saßen Gerechtigkeit und Wahrheit nicht nur im Hirn, sondern auch im Herzen.